本书得到浙江省软科学项目资助

地方性资本在新型城镇化建设中的供给效应研究：
来自浙江省的数据

DIFANGXING ZIBEN
ZAI XINXING CHENGZHENHUA JIANSHEZHONG DE
GONGJI XIAOYING YANJIU:
LAIZI ZHEJIANGSHENG DE SHUJU

张萍 / 著

中国财经出版传媒集团

经济科学出版社
Economic Science Press

图书在版编目（CIP）数据

地方性资本在新型城镇化建设中的供给效应：来自浙江省的数据/张萍著.—北京：经济科学出版社，2017.6
ISBN 978-7-5141-8222-4

Ⅰ.①地… Ⅱ.①张… Ⅲ.①地方财政-研究-浙江 Ⅳ.①F812.755

中国版本图书馆 CIP 数据核字（2017）第 170016 号

责任编辑：王柳松
责任校对：杨　海
版式设计：齐　杰
责任印制：邱　天

地方性资本在新型城镇化建设中的供给效应：来自浙江省的数据
张　萍/著
经济科学出版社出版、发行　新华书店经销
社址：北京市海淀区阜成路甲 28 号　邮编：100142
总编部电话：010-88191217　发行部电话：010-88191522
网址：www.esp.com.cn
电子邮件：esp@esp.com.cn
天猫网店：经济科学出版社旗舰店
网址：http://jjkxcbs.tmall.com
北京财经印刷厂印装
880×1230　32 开　5.25 印张　150000 字
2017 年 6 月第 1 版　2017 年 6 月第 1 次印刷
ISBN 978-7-5141-8222-4　定价：32.00 元
（图书出现印装问题，本社负责调换。电话：010-88191510）
（版权所有　侵权必究　打击盗版　举报热线：010-88191661
　QQ：2242791300　营销中心电话：010-88191537
　电子邮箱：dbts@esp.com.cn）

目 录

第一章　导论 …………………………………………… 1

　第一节　选题背景与研究意义 ………………………… 1
　第二节　研究的主要内容与研究思路 ………………… 5
　第三节　研究的主要方法与主要创新 ………………… 9
　第四节　文献回顾与评述 ……………………………… 12

第二章　中国新型城镇化建设的发展概况 …………… 22

　第一节　中国新型城镇化建设的发展历程 …………… 22
　第二节　中国新型城镇化建设中的金融支持 ………… 33
　第三节　特色小镇的建设与发展：来自浙江的
　　　　　案例 …………………………………………… 41

第三章　差异性融资渠道对新型城镇化率的影响 …… 50

　第一节　引言 …………………………………………… 50
　第二节　关于城镇发展投资与融资的中外文文献
　　　　　回顾与评述 …………………………………… 52
　第三节　浙江省新型城镇化资金供给情况 …………… 54

第四节　PPP模式开展对于融资模型的影响 …………… 67
　　第五节　小结 ……………………………………………… 71

第四章　差异性资本结构的配置边界研究：基于修正的
　　　　马科维茨均值方差模型 ………………………………… 73
　　第一节　文献回顾与评述 ………………………………… 73
　　第二节　修正的马科维茨均值方差模型 ………………… 78
　　第三节　基于修正的马科维茨模型的实证分析 ………… 83
　　第四节　小结 ……………………………………………… 88

第五章　差异性资本供给对城镇居民福利转移的影响 …… 90
　　第一节　引言 ……………………………………………… 90
　　第二节　文献回顾与评述 ………………………………… 92
　　第三节　差异性资金供给对城镇居民社会福利转移
　　　　　　水平的实证研究 ………………………………… 97
　　第四节　小结 ……………………………………………… 105

第六章　差异性资本供给的若干理论诠释与对策 ………… 107
　　第一节　引言 ……………………………………………… 107
　　第二节　农村金融生态体系的构建与评价——来自
　　　　　　浙江省的数据 …………………………………… 109
　　第三节　丽水市农村金融生态体系的构建与评价 …… 130
　　第四节　地方性资金对新型城镇化供给效应的
　　　　　　对策 ……………………………………………… 148

参考文献 …………………………………………………………… 153

第一章

导　　论

第一节　选题背景与研究意义

一、选题背景

自"九五"计划开始,尤其是十八届三中全会后,城镇化建设得到了空前的发展。在新型城镇化建设中,无论是城镇规划、人口迁移,还是产业升级换代或房地产开发,金融供给都扮演着一个不可或缺的角色。金融供给不仅能够通过资源配置优化提高市场效率,而且可以通过市场竞争实现社会福利的再次分配。中国人民银行在《2012年第四季度中国货币政策执行报告》中,总结了国外城镇化建设资金来源主要有三方面:一是传统意义上的政府税收收入;二是基于使用者付费原则的项目收益;三是通过发行市政债券或类似债务工具从金融市场融资。这与政府主导的中国新型城镇化建设的资金来源基本相似，官方资本和民间资本成为两大主要资金来源。随着金融市场化的推进，金融供给数量和渠道日益增多：金融市场准入不断降低、民间借贷合法化和地方性债务融资获准发行等，都为新型城镇化建设的资本供给渠道多样化提供了可能。但中国东中西部地区的经济发展、资源分配失衡、地理性差异和制度供给差异导致了中国经济发展的局部失衡，进而出现金融供给的差异，最终影响新型城镇化建设的进程和社会福利转移的程度。因此，如何充分有效地利用不同性质来源的地方性资金，达到既能高效建设新城镇，又能有效地实现社会公平就成为各地方政府亟待解决的一个课题。

浙江省作为经济强省和民间资本大省，地方性资本规模和来源具有其他省区市无法比拟的优势。在新型城镇化建设中，除了常规性的银行融资和债券、地方性债务发行之外，地方性资本来源还包括民间借贷、企业间的融资、资产证券化和金融创新等途径。资本来源的差异和资本数量的多寡，就产生了如何利用不同性质的资本才能达到城镇化建设的边际效益最大化和社会福利最大化等问题。这对浙江省政府设计的新型城镇化融资体系提出挑战：既要考虑地方性资本供给的边际效应最大化，又要兼顾通过资本效应改进社会福利，兼顾社会公平。本课题从制度供给的角度入手，以资本效率最大化和公众福利的帕累托最优作为目标函数，对浙江省城镇化建设中的融资模式、不同性质资金贡献率边界，以及对社会福利的贡献大小进行比较。从而合理、科学地为设计浙江省新型城镇化建设提供具有操作性、针对性的参考建议，以实现社会福利的改进和经济效益最大化。

二、选题的现实意义

自"九五"计划开始,尤其是十八届三中全会提出全面推进"中国特色新型城镇化",以促进中国城镇化健康、科学、可持续地发展,推进城镇化的提质增效,加快中国城镇化红利的释放,使城镇化成为经济社会转型的重要引擎为目标,城镇化建设得到了空前发展。

在2009年,国家发展和改革委员会研究员史育龙系统整理了中央城镇化发展战略历程:1984年,第一次正式提出发展小城镇。1998年,又提出发展小城镇是带动农村经济和社会发展的大战略;提出加快中国城镇化进程。

2001年,在"十五"计划纲要中明确要实施城镇化战略,要实施城乡共同进步,把城镇化提高到了中国经济社会发展的战略高度;2006年,"十一五"计划纲要明确,要促进城镇化健康发展。2014年3月,《国家新型城镇化规划(2014~2020年)》正式发布了。规划强调:以人为本、绿色发展、创新发展。[①] 同时,在规划中明确了中国今后一段时期城镇化发展的战略、目标、路径和任务。规划中又明确提出,必须实行"完善财政转移支付制度""培育地方主体税种""地方债发行"等措施,借此鼓励社会资本进入城市基础设施和公共服务等领域,其主要目的是为实现城镇化建设资金的多元化。

---

① 国家新型城镇化规划(2014~2020年). 见 http://www.gov.cn.

新型城镇化已成为共识，但众多领域的资金需求已成为新型城镇化发展中不可回避的一个核心问题。在新型城镇化建设中，无论是城镇规划、人口迁移，还是产业升级换代或房地产开发，金融供给都扮演着一个不可或缺的角色。金融供给不仅能够通过资源配置优化提高市场效率，而且，可以通过市场竞争实现社会福利的再次分配。中国人民银行在《2012 年第四季度中国货币政策执行报告》中，总结了城镇化建设资金来源主要有三方面：一是传统意义上的政府税收收入；二是基于使用者付费原则的项目收益；三是通过发行市政债券或类似债务工具从金融市场融资。这与政府主导的中国新型城镇化建设的资金来源基本相似，官方资本和民间资本成为两大主要资金来源，在新型城镇化建设中，除了常规性的银行融资和债券、地方性债务发行之外，地方性资本来源还包括民间借贷、企业间的融资、资产证券化和金融创新等途径。

2010 年，中国社科院发布的《中小城市绿皮书》推测，到 2030 年中国城镇化率将达到 65% 左右，城镇化将产生巨大的资金需求，预计社会保障和市政公共设施支出共计将超过 30 万亿元。巨额建设资金需求，形成地方财政巨大的支出压力。很显然，仅靠政府税收等常规公共收入，难以满足城镇建设需要。近年来随着金融市场化的推进，金融供给数量和渠道日益增多：金融市场准入不断降低、民间借贷合法化和地方性债务融资获准发行等，都为新型城镇化建设的资本供给渠道多样化提供了可能。

2015 年 4 月 18 日，国家发展和改革委员会印发了《关于进一步做好政府和社会资本合作项目推介工作的通知》，要求各地发展和改革部门尽快搭建信息平台，及时做好 PPP 项目的推介工作。国家发展和改革委员会以各地已公布的项目为基础，经认真审核后建立了PPP项目库，① 集中向社会公开推介。这又为城镇化建设指明了方向。

中国新型城镇化的特征，决定了政府在公共事业服务中需要发挥主导、引导作用。但基础设施和公用事业建设领域存在债务风险大、社会资本进入门槛高、工程质量难以保证等一系列问题，在此背景下，财政部力推PPP模式，并在全国多个省区市进行了推进。

由此可见，从资金供给的结构进行研究，具有重大的现实意义。它不仅能够促进农村经济的发展，顺应中国经济建设发展的潮流，还能在很大程度上将民间资本积聚起来，在一定程度上控制民间资本流动的风险，为民间资本的流向寻找到一个比较好的出口，提高了民间资金效率。

第二节 研究的主要内容与研究思路

一、研究的主要内容

在本书中，主要从资金的构成、资金使用的效率边界和资金的福利转移三个方面进行了研究，具体如下：

---

① 资料来源见中华人民共和国国家发展和改革委员会网站. http://www.ndrc.cn/xw2x/xwfb/201505/t20150525_693168.html.

(一) 地方性资本的数量测度

这一部分研究主要根据城镇化建设中资本来源的渠道进行分类，并进行数量测度。

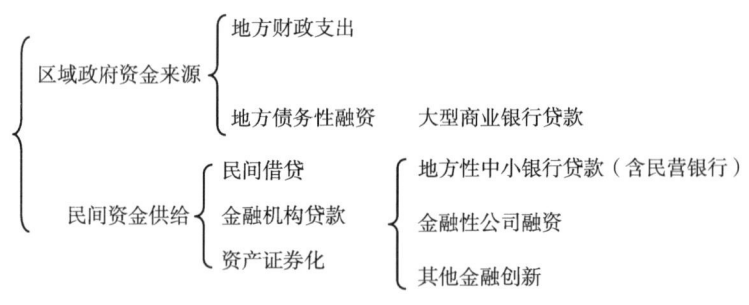

1. 构建区域融资指标体系

区域融资指标体系，见图1-1。

```
           ┌ 地方财政支出
区域政府资金来源┤
           └ 地方债务性融资 ── 大型商业银行贷款

           ┌ 民间借贷        ┌ 地方性中小银行贷款（含民营银行）
民间资金供给 ┤ 金融机构贷款  ─ ┤ 金融性公司融资
           └ 资产证券化      └ 其他金融创新
```

图1-1 区域融资指标体系

2. 根据构建的指标体系，对各项区域性资金来源进行数量测度

为了便于比较不同渠道的资金供给，本项目根据 B. 巴拉萨 (B. Balassa) 的比较优势的方法，设立显示性竞争优势 (revealed comparative advantage, RCA) 的新指标对东中西部不同资金来源数量多寡的相对强度 (comparative intensity, CI) 进行指数化测度。

$$CI_{it} = (INPUT_{it}/STF_{it})/(INPUT_{nt}/STF_{nt})$$

其中，CI_{it} 表示 i 种融资工具第 t 年提供资金数量相对强度指数，$INPUT_{it}$ 和 $INPUT_{nt}$ 表示 i 种融资工具和东中西部第 t 年的城镇化建设总融资额，STF_{it} 和 STF_{nt} 表示 i 种融资和东中西部第

t 年的城镇化总融资额。

3. 对东中西部投入资本的测度结果进行比较分析

利用上一步得出的结果，分别对 8 种投入的地方性资本分别进行对比，找出各自的变化规律。

（二）地方性资本贡献率边界的测度

对马科维茨有效边界模型进行修正，构建地方性资本贡献率的边界测度模型。当制度供给最大化，即所有的地方性资本供给形式都存在且自由竞争时，则对应矩阵为：

$$\min \frac{1}{2}\sigma_p^2 = \frac{1}{2}x^T V x$$

$$s.t. \quad x^T e = \bar{r}, \quad x^T I = 1$$

其中：x——资本组成的比例，$x = [x_1, x_2, \cdots, x_n]^T$

　　　V——资本的协方差矩阵，$V = [\sigma_{ij}]_{n \times n} = [\rho_{ij}, \sigma_i, \sigma_j]_{n \times n}$，假设 V 正定；

　　　E——8 种资本方式的收益率向量；$e = [E_1, E_2, \cdots, E_8]^T$

　　　ρ_{ij}——第 i 种资本收益率和第 j 种资本收益率的相关系数；

　　　r——收益率（利率）；

　　　I——$I = [1, 1, \cdots, 1]^T$。

则最优策略为：

$$x = \frac{(cE_p - a)V^{-1}e + (b - E_p)V^{-1}I}{d}$$

有效边界为：$\dfrac{\sigma_p^2}{\dfrac{1}{c}} - \dfrac{\left[E_p - \dfrac{a}{c}\right]^2}{\dfrac{d}{c^2}} = 1$，$\left(E_p \geq \dfrac{a}{c}\right)$

其中：$a = I^T V^{-1} e$，$b = e^T V^{-1} e > 0$，$c = I^T V^{-1} I > 0$，$d = bc - a^2 > 0$

然后，计算出各种不同性质资本的最优边界。

（三）各项资本对城镇居民社会福利转移水平的测度

运用面板数据模型分析各项资本对城镇居民的社会福利转移的影响机制，特别是挖掘不同类型的资本对城镇居民福利转移的影响强度，为中国区域资本融资策略的制定和调整提供充分的理论依据。

1. 对社会福利转移影响的理论建模

初步设计的简化模型为：

$$QG_j = f(QG_1, aINPUT_2, bINPUT_3, cINPUT_4, \cdots, gINPUT_8)$$

该模型表明，8种资本共同构成了地方城镇化建设的金融供给体系，它们之间具有一定的相关关系，它们共同影响该区域的社会福利转移水平。

2. 计量分析模型

拟采用变截距的面板数据计量模型进行实证分析：

$$\begin{aligned}
\ln QG_{it} = & C_i + \alpha_1 \ln L_{1it} + \cdots + \alpha_p \ln L_{pit} + \beta_1 \ln K_{1it} + \cdots \beta_q \ln K_{qit} \\
& + \alpha_{1(-1)} \ln L_{1i(t-1)} + \cdots + \alpha_{p(-1)} \ln L_{pi(t-1)} \\
& + \beta_{1(-1)} \ln K_{1i(t-1)} + \cdots + \beta_{q(-1)} K_{qi(t-1)} \\
& \cdots \\
& + \alpha_{1(-j)} \ln L_{1i(t-j)} + \cdots + \alpha_{p(-j)} \ln L_{pi(t-j)} \\
& + \beta_{1(-j)} \ln K_{1i(t-j)} + \cdots + \beta_{q(-j)} K_{qi(t-j)} + \mu_{it}
\end{aligned}$$

（四）政策建议

本部分在以上几个部分研究结论的基础上，设计中国区域性资本在新型城镇化建设中的最佳配比，提出提高区域性城镇建设中金融供给效率，实现社会福利最大化的政策建议。

二、研究思路与技术路线

(一) 项目研究的主要思路

在金融市场准入降低、民间融资合法化、地方性债务性融资扩大的背景下的政府主导的新型城镇化建设中,金融供给不仅包括地方财政支出,还应包括民间融资等的金融支持。

本研究的基本思路如下:第一,设计地方性资本在城镇化建设中的结构体系;第二,并运用定量分析方法分析地方资本投入比例对区域性城镇化建设的影响机制,以及不同资本对社会福利转移的影响情况;第三,提出相应的政策建议的思路进行研究。

(二) 技术路线

本书技术路线见图1-2。

第三节 研究的主要方法与主要创新

一、研究的主要方法与数据来源

(一) 研究的主要方法

1. 比较分析法

本项目运用静态比较分析方法,对中外城镇化建设中政府投入和民间资本进入进行比较，考察中外区域性融资是否存在本质上的差异，这种差异性有多大，在多大程度上影响中国城镇化建设的进程，以及如何通过立法纠正等。

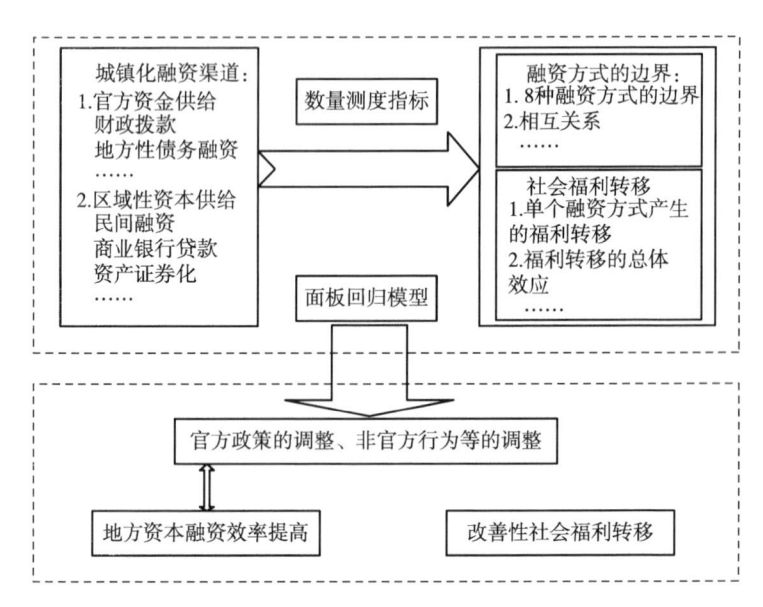

```
┌─────────────────────────────────────────────────────────────┐
│  ┌──────────────┐                      ┌──────────────┐    │
│  │城镇化融资渠道：│                      │融资方式的边界：│    │
│  │1.官方资金供给 │    ┌────────┐        │1.8种融资方式的边界│ │
│  │  财政拨款    │    │数量测度指标│ ⇒    │2.相互关系    │    │
│  │  地方性债务融资│ ⇒ └────────┘        │……          │    │
│  │  ……        │                      ├──────────────┤    │
│  │2.区域性资本供给│                      │社会福利转移   │    │
│  │  民间融资    │                      │1.单个融资方式产生│ │
│  │  商业银行贷款 │                      │  的福利转移   │    │
│  │  资产证券化  │    ┌────────┐        │2.福利转移的总体│    │
│  │  ……        │    │面板回归模型│       │  效应       │    │
│  │              │    └────────┘        │……          │    │
│  └──────────────┘                      └──────────────┘    │
└─────────────────────────────────────────────────────────────┘
                              ⇓
              ┌──────────────────────────────┐
              │官方政策的调整、非官方行为等的调整│
              └──────────────────────────────┘
                  ⇕
     ┌──────────────────┐      ┌──────────────────┐
     │地方资本融资效率提高│      │改善性社会福利转移  │
     └──────────────────┘      └──────────────────┘
```

图 1-2　本书技术路线

2. 一般均衡分析法

将差异性资本引入曼昆和雷斯（Mankiw, Reis, 2007）的粘性信息一般均衡模型（sticky information general equilibrium model）中，研究粘性信息与社会福利转移水平的关系问题，并对比不同时期，社会福利转移的水平状况。考察差异性资本的出现对社会福利转移变化的影响。

3. 机制设计方法

在区域性资本供给机制中，通过政府代理人的目标函数，对区域资本市场上的各类差异性资本的支付函数、效益边界和社会福利转移机制进行评价。将金融安全、金融效率和社会福利转移与分配等要素纳入评价机制中，构建剩余增量补贴机制（ISS）的修正模型，使得最后的配置结果符合不同时期政府的评价标准，最终建立激励相容的金融监管体系。

4. 计量研究方法

对差异性资本边界的机制设计模型转化为计量模型，运用GMM等计量方法，运用相关金融数据，对机制设计模型进行实证检验，以期得出一定的结论。

（二）研究数据的来源

本书的数据主要来自国家统计局网站、浙江省统计局网站及各县市统计局网站，《中国统计年鉴》（2003~2014）、中国人民银行网站、银行监督委员会网站，各级政府的金融办等官方网站的权威数据。

二、研究的主要创新

本项目设计了区域性城镇化建设中的融资体系，包括地方财政支出、地方性债务融资、民间借贷、金融机构贷款（含中小银行、大型商业银行、金融新公司和其他金融机构的创新供给等）、资产证券化和私募基金等八种可能出现的融资途径。从已有研究来看，分析各融资途径的边界，并测算各种途径的相互影响率的研究目前并不多见。本课题以不同区域为例展开经验研究，可以为缩小地区发展差距提供新的研究范例。

第四节 文献回顾与评述

一、城镇化的界定

(一) 外文文献关于城镇化的研究

在外文文献中,一般不使用"城镇化"一词,二是使用"城市化"(urbanization)一词。国外对"城镇化"的研究大体上可以分为三个时期:

第一个时期:从1900年以前到城市概念的产生。在1900年以后,"城市化"概念产生并开始广泛使用。许多著作诸如亚当·斯密的《国富论》中都对城市的起源、发展、产生的问题及人口流动产生的问题做出了论述。

第二个时期,从1900年到第二次世界大战结束。在这个时期,欧美大部分国家已初步实现了城市化,但是,在城市化过程中的主要问题开始暴露出来。这时期城市化的理论研究以具体问题为主,各学科基本上都是以自己学科的特点对城市化问题进行研究。

第三个时期,20世纪50年代到目前,发达国家继续高速发展城市化,发展中国家的城镇化进程也在逐步加快。在城镇化进程中,各种问题逐渐暴露出来。

(二) 中文文献对城镇化的理解

"城镇化"的概念是由外国学者提出并展开其内涵研究的,中国学者接受城镇化概念较晚。19世纪70年代后期开始,"城镇化"的概念才引入,并被译作城镇化、城市化和都市化等不同形式,究其概念的内涵则是相同的。辜胜阻率先于1991年在《非农化与城镇化研究》中明确了"城镇化"的概念,他强调了"城镇化"与"城市化"的区别在于所依托的转移地规模不同,并提出二元城镇的构想。

刘士林(2013)将学术界对城镇化的定义进行了总结,最终认为城镇化、城市化都是农业化向现代化的转变过程,区别在于农村人口是向小城镇还是向大中城市转移。单卓然和黄亚平(2013)定义新时期所提出的"新型城镇化"的概念,分别从不同的角度:第一,来自国外经验教训借鉴的角度;第二,总结中国城镇化历程中过去错误做法的角度;从国内城镇化将要应对未来不确定需求等四个角度解读并说明了新型城镇化的民生、质量和可持续发展这三大内涵。盛广耀(2013)认为,新型城镇化应该遵守科学发展观的指导,严格遵循城镇化的基本规律,同时把全方位提升城镇化水平和质量作为目标,坚持以人为本,强调城乡统筹、社会和谐、集约发展、环境友好、规模结构合理的城镇化发展模式。其科学内涵应当包括注重城镇化质量,从而使得城镇居民的生活更美好、生态化,节能、低碳、节地,城乡均衡发展,大中小城市协调发展等。刘森(2013)提出,新型城镇化背后所孕育的新内涵:新型城镇化应与工业相辅相成、相互促进、协调发展;新型城镇化的核心应是人的城镇化;新型城镇化应做到城乡统筹。

著名经济学家曹凤岐(2013)认为,新型城镇化的本质就是"人的城镇化",城镇化必须结合产业发展,以及协调好人口、经济、资源和环境的关系,倡导智能、集约、绿色、低碳的发展方向。本书"城镇化"的概念,采用了曹凤岐(2013)的定义,认为城镇化不仅仅是一个地理上的定义,更是一个人文意义上的概念，不仅涉及通过城镇化建设提高农村收入，促进"三农"。更重要的是，通过城镇化建设，提高农村的生活环境，包括居住、农村政策环境、金融环境等因素，各种因素因而相互影响、相互促进，形成一个可持续发展的循环体系。

二、中外文文献关于投资、融资的研究

（一）外文文献关于城镇发展投融资的研究

早在20世纪初期，发达国家就在投融资管理方面进行了一些积极、有益地探索。

最具代表性为财政转移支付制度，其特点是重点支持财政薄弱的地方政府和村镇。如1918年，日本建立"地方支付税"制；1923年，德国出台财政调整法；1929年，美国实行"国库交付金制"等。穆斯格雷夫（Musgrave）将国家财政纳入经济理论体系之中进行研究。R. A. 穆斯格雷夫和 W. 罗斯顿（R. A. Musgrave, W. Rostow, 1960）的研究主要集中于发展中国家，被认为是最具代表性的经济成长阶段理论。该理论认为，在经济发展的初始阶段，公共部门的投资，主要包括城市道路、交通、教育、卫生等，这些在总投资中的比例非常高。这些投资将促使发展中国家由欠发达阶段进入中等发达阶段。经济发达国家在发展初期，大都以国家财政和财政投融资的方式来保证城市基础设施的建设。

在城镇投资领域，经济学家 K. J. 巴顿认为，在城市发展进程中，城市投资不可缺少，在城镇基础设施方面更是需要大量投入。因此，政府应筹集足够的资金用于城市建设，以满足不断增加的城市人口需要。一方面，城镇基础设施需要增加；

另一方面，城镇基本服务需要增加。20世纪90年代，欧美经济学家集中在城市建设投资主体与规模方面，开展了一系列研究。

G.格雷顿（G. Clayton，1994）探讨了城市基础设施的三种可能投资主体，分别为政府、公共机构、私营企业。三者的投资效率有明显的区别，从高至低分别为私营企业、公共机构、政府。英国经济学家威玛和耐罗毕（Wema，Nairobi，1998）对不同地区的公共服务进行了公平和效率分析，并得出结论认为城市基础设施应实行最大的资源配置，并且，城市基础设施建设应投向市场。

M.吉比和E.耐尔（M. Gibb，E. Nel，2007）对一个铁路交通枢纽镇亚历山大镇（Alicedale）进行了相关研究。E.莱姆斯（E. Lemth，2009）系统地研究了政府与私人之间在小城镇基础设施方面的合作。

（二）中文文献关于城镇发展投融资的研究

陈千宇和张玲（2003）对城镇化进程中，开展了竞争性与非竞争性模式研究。对于竞争性的投融资，一方面，要深化间接融资体制；另一方面，要发展直接投融资。对于非竞争性投融资，既要注重"开源"，也要注重"节流"。具体而言，一是要拓宽资金来源渠道，二是要收缩投资领域。

李杰（2005）认为，应鼓励非财政资金投资，并推动基础设施特许经营，应探索建立区域性小城镇债券市场。地方政府应逐步建立起基础设施特许经营制度。一是要有地方政府制定完善的政策法规，以作为稳定的制度保障；二是具体投资项目，城镇政府应与民间投资者签订特许权经营协议。项目公司的资本结构、合理回报率、汇率等都是其重要的影响因素。

吴树波（2006）提出了城镇基础设施建设多元化投融资机制的思考。一是投资主体多元化；二是投资管理方式多元化；三是融资渠道多元化。张艳纯和葛小南（2008）对融资渠道多元化开展了进一步阐述。具体的融资渠道包括，一是政府方面的融资；二是收费方面的融资；三是土地出让金收入；四是建立城镇发展的资金担保机制；五是民间的资本融资；六是银行方面的贷款融资；七是国际资本方面的融资。

在2014年3月，中共中央、国务院又正式印发了《国家新型城镇化规划（2014~2020年）》。[①] 规划强调以人为本、绿色发展、创新发展，明确了中国今后一段时期城镇化发展的战略、目标、路径和任务。同时，规划中又明确提出"完善财政转移支付制度""培育地方主体税种"和"地方债发行"等措施，并鼓励社会资本进入城市基础设施和公共服务等领域，其主要目的是为实现城镇化建设资金的多元化。逐渐放开的政策以及PPP项目的开展，使得研究不同形式的资金来源对新型城镇化建设的促进作用的大小显得更加急迫。

三、中外文文献关于金融供给的研究

（一）外文文献关于金融供给的研究

丹默特斯（Dematteis，1996）发现，欧洲国家的城市化进程中，金融供给在城市交通建设中有着至关重要的作用，以此促进城市化发展。里查德（Richard，2007）利用美国和英国主要城市的数据，分析了投资水平、经济发展水平等经

---

① 《国家新型城镇化规划（2014~2020）》，2014年3月16日。

济因素对美国城市化和英国城市化的作用,结果显示资本投入是对城市化最重要的影响因素。

科威－王·科姆(Kyung – Hwan Kim,1997)的研究也发现,在城市化进程中,金融发展对房地产投资和基础设施建设的大力发展起到至关重要的作用。耐及尔(Nigel,1990)通过实证研究发现,经济增长与城镇化之间存在正相关性。霍夫和安吉莱斯(Huff,Angeles,2011)通过对东南亚的数据进行分析发现,工业化是城镇化的基本动力。

乔、吴和伯格雷斯(Cho,Wu and Boggess,2003)以美国五个州为例,评估城市化水平、土地使用规章制度以及金融发展之间的相互作用程度,结论认为城市化进程中金融发展对土地投资与开发具有积极影响。希伯兹和李(Shahbaz,Lean,2012)对突尼斯1971~2008年的数据研究后认为,能源消耗、金融发展、经济增长、工业化以及城镇化之间存在长期均衡关系。

在投融资模式上,特雷尼希(Teranishi,1997)认为,城市化进程中存在大量的城市基础设施的融资、城市住房融资行为,满足这些项目的融资需求可以有效地支持城市规模的增长。

(二) 中文文献关于金融供给的研究

郑长德(2007)研究金融机构对城镇化建设进程的机制,通过对中国的实证研究,中国城镇化水平与经济金融文化水平存在高度的正相关性。郑玫和傅强(2008)也以重庆市作为研究对象,通过格兰杰因果关系检验,得出金融发展水平在重庆市城镇化建设中有至关重要的作用。张正斌(2008)则选取宁夏作为研究对象,通过对1990~2005年的金融发展与城镇化建设的相关数据，最后得出若以人口计量的城镇化率来表现金融发展与城镇化发展两者间的关系，发现两者关系并不明显。而通过收入计量的城镇化率来表现前两者的关系，则有很明显的因果关系。更深层次的分析则是，因为金融发展在城镇化进程中可能更多地体现在增加收入这个方面，即拉动当地经济、带动产业发展，进而促进居民收入水平增加而带动的城镇化。而人口逐步向城镇集聚或许仅仅只是表象。

黄国平（2013）也对在城镇化进程中金融支持的机制进行了细致分析，认为金融相关的部门在城镇化进程中，主抓工业化和农业现代化两方面，方能进一步促进城镇基础设施的完善，城镇居民生活水平的提高，产业的转型升级。

在投融资模式上，胡斌（2002）认为，政策性金融是支持城市基础设施建设的有效手段，并提出通过加大投融资体制改革力度以解决城镇化建设中的资金短缺，增强政策性金融对中国城镇化建设的支持作用。陈干宇和张玲（2003）将城镇化进程中投融资模式分为竞争性与非竞争性，在竞争性投融资中提出深化间接融资体制、发展直接投融资，如股票、债券市场，以及加大引进外资力度三个方面。而在非竞争性投融资中，主张"开源"与"节流"，要拓宽资金来源渠道、收缩投资领域。伍艳（2005）认为，长期存在的金融抑制现象导致中国城镇化率始终滞后于工业化率，城镇集约化程度和城市基础设施水平较低，因而需要加快金融体制改革。刘洪喜（2005）认为，资金是城镇发展的重要保证，因此，要建立有效的投融资财政支持方式。一是要以有效的政府宏观调控和正确的定位作为保证。二是要推进基层财政体制的变革，强化城镇的财政自主和自治能力。三是要完善城镇财政投融资体系的构建和制度完善。四是要建立城镇投融资绩效评价的方法。

王建威和何国钦（2012）提出，以"协调创新"的理念来发展城镇化建设，而非像以往仅仅凭借单项的资金供给试图有效地解决城镇化发展中的资金供给矛盾。要有机地结合金融、财政手段，缓解城镇化进程中的资金问题。白山（2014）强调政府在城镇化建设中的主导作用，着重分析地方政府投融资在城镇基础设施建设中的独特作用。概括这部分资金具有数量大、投入集中，投入期限长且持续，并且成本低甚至不求回报的特点，完全符合城镇化建设对资本供给端的资金要求。申银万国证券股份有限公司课题组（2013）对比国外发行市政债券的情况，并结合国内的实际情况，认为市政债券作为一项债务融资工具，在城镇化建设融资中，能很好地匹配城镇化进程中资金需求的特点。

四、国内外 PPP 的发展状况

PPP（public-private-partnership）融资模式，直译为公私合作模式。实质上是指，政府与社会资本之间，为了合作建设城市基础设施项目或者为了提供某种公共物品和服务，双方共同设计开发，共同承担风险，全过程合作，期满后将公共服务项目移交给政府公共基础设施建设中的一种项目融资模式。从广义的定义来分析，PPP 模式的实质——即私营企业参与提供公共产品或服务，已有很长历史，但 PPP 术语的出现是在 1997 年。

在该模式下，鼓励私营企业、民营资本与政府进行合作，参与公共基础设施建设。这种合作模式以特许权协议为基础，并通过签署一系列合约明确双方的权力和义务，在整个项目过程中，双方分担风险，并对项目共同负责，最终实现利益共享。PPP 模式存在狭义、广义之分，但目前普遍认同的是，PPP 模式已经在国外得到了广泛应用，见表 1-1。

表 1-1　　　　部分国家 PPP 投资占公共投资比例

国家	PPP 占公共投资的比例	国家	PPP 占公共投资的比例
澳大利亚	10%~15%	墨西哥	15%
英国	10%~13%	芬兰	10%~15%
韩国	5%~10%	卢森堡	5%~10%
德国	3%~5%	南非	3%~5%
挪威	3%~5%	西班牙	3%~5%

资料来源：联合资信公司。

在中国，PPP 是在 2005 年以后才开始被公众熟悉。此前，为人所熟悉的术语是 Concession（特许经营）、BOT（build-operate-transfer）、PFI（private finance initate）等。20 世纪 90 年代开始，全球的公私合作项目快速增长，中国从 90 年代中后期开始应用 BOT（build-operate-transfer）模式，特别是 BT（build-transfer）模式，产生了一批典型的项目案例。

从 20 世纪末至 2012 年，中国已经尝试建设了一部分政府与社会资本合作的基础设施建设项目，但是，也出现了关于合同条款不规范、政府与企业权责不清晰、融资模式存在漏洞等问题，因此，政府多部门随之分别出台相应规章。总体来看，在这个阶段发展 PPP 模式仍然缺乏顶层设计，以地方政府局部利益或短期实用目的优先的情况依然存在。另外，也不可否认，一些案例中积累 PPP 经验经过复制与改良，促进了 PPP 理论发展。

PPP 模式在中国真正的发展是在 2013 年以后，逐渐形成相对完整的PPP政策框架。2014年12月,财政部政府和社会资本合作中心(PPP)正式获批。① 国家发展和改革委员会同期下发了关于开展政府和社会资本合作的指导意见。2015年6月,由包括国家发展和改革委员会、财政部、住建部、交通部、水利部、人民银行在内的六部委联合发布的《基础设施和公用事业特许经营管理办法》正式实施。

---

① 见 http://www.chinatax.gov.cn/n810341/n810755/c1498164/content.html.

第二章

中国新型城镇化建设的发展概况

第一节 中国新型城镇化建设的发展历程

一、新型城镇化的概念

新型城镇化是以城乡统筹、城乡一体、产业互动、节约集约、生态宜居、和谐发展为基本特征的城镇化,是大中小城市、小城镇、新型农村社区协调发展、互促共进的城镇化。其核心在于,不以牺牲农业和粮食、生态和环境为代价,着眼于农民,涵盖农村,实现城乡基础设施一体化和公共服务均等化,促进经济社会发展,实现共同富裕。新型城镇化的"新",就是要由过去片面注重追求城市规模扩大、空间扩张,改变为以提升城市的文化、公共服务等内涵为中心,真正使我们的城镇成为具有较高品质的适宜人居之所。

"新型城镇化"是一个相对概念,是相对"城镇化"而言。

"城镇化"通常是指,人口城镇集中的过程,一方面,是城镇数目增多;另一方面,是各城市内人口规模不断扩大。"新型"则为对传统的突破,主要体现在以人为本、城市集群化、生态宜居化、城乡统筹发展一体化、节约集约化、公共服务均等化等方面。

中国著名城市生态学家、中国科学院院士王如松(2013)认为,新型城镇化的"新"是指,观念更新、体制革新、技术、文化创新,是新型工业化、区域城镇化、社会信息化和农业现代化的生态发育过程。"型"指转型,包括产业经济、城市交通、建设用地等方面的转型,环境保护也要从末端治理向"污染防治-清洁生产-生态产业-生态基础设施-生态政区"五同步的生态文明建设转型。[①]

通过对以上对新型城镇化基本内涵的探讨及对文献的回顾,本书将新型城镇化定义为:以人为核心,科学发展,进行观念体制创新,利用技术创新推动,进行经济、社会、生态转型,是新型工业化、农业现代化、大中城市和小城镇协调发展的城镇化之路。

二、新型城镇化的主要特征

(一) 以人为本

新型城镇化的核心是以人为本。其最终目的是提高人们的生活品质。传统城镇化方面追求人口数量的增加和GDP的增

[①] 王如松院士:新型城镇化生态要优先,见人民网. http://theorypeople.com.cn。

加,而忽视与百姓相关的各项社会服务。与百姓息息相关的教育、医疗、交通、社会福利保障体系建设、保障性住房建设等方面,传统城镇化做得远远不够。中国进城务工的农民工已超过1亿人,而农民工的各项权益保障、平等地位却难以保障。新型城镇化要打破这种传统,一切以尊重人为核心,所有工作的推进都必须以人为中心。

(二) 创新性

新型城镇化是一次观念、体制、技术、文化上的创新。在观念上,新型城镇化既不以GDP为中心,也不以城镇化率为中心,而是以人为中心。在体制上,新型城镇化要求打破城乡二元体制分割,尤其要推进户籍制度改革,社保制度改革,经济转型发展,产业结构调整,新型土地利用方式、干部考核制度探索等。在技术上,新型城镇化对经济的发展要求以技术创新来拉动。因此,在新型城镇化进程中,技术创新是必然要求。在文化上,新型城镇化重新审视文化在经济社会发展中的重要性并传承和发展。

(三) 转型性

新型城镇化具有经济、社会、生态转型的典型特征。在经济发展方式上,新型城镇化要求从粗放型到集约型转型。在社会发展方式上,新型城镇化从大中城市优先发展到大中小城市和小城镇、农村协调发展转型,从贫富差距的城镇化到社会公平公正、和谐的城镇化转型。在生态建设方面,新型城镇化是从高能耗向低能耗转型。

（四）统一协调性

新型城镇化是统一协调的城镇化。一方面，新型城镇化要求城乡统一发展；另一方面，也要求城乡协调发展，以达到"城乡一体""互促互进"的目标。人才、资金、资源、技术等应在城乡之间统一合理流动，大城市和小城镇、农村共享发展成果。与此同时，大中城市和小城镇、农村在发展进程中相互促进，实现协调发展。

三、实现新型城镇化的意义

城镇化是经济发展的必然结果，是产业结构升级、农村人口向城市转移、生产方式由乡村型向城镇型转化的综合过程。新型城镇化是以城乡统筹、城乡一体、产城互动、节约集约、生态宜居、和谐发展为基本特征的城镇化，是大中小城市、小城镇、新型农村社区协调发展、互促共进的城镇化。城镇化是中国发展的一个大战略，城镇化不是简单的城市人口比例增加和城市面积扩张，而是要在产业支撑、人居环境、社会保障、生活方式等方面实现由"乡"到"城"的转变。

（一）推进新型城镇化是扩大内需的战略选择

《中共中央关于制定"十二五"规划的建议》中，将扩大内需由工作方针提升到发展战略的高度，凸显扩大内需在国民经济和社会发展中的地位。[①] 目前，中国最大的内需是城镇化。

---

① 中共中央关于制定"十二五"规划的建议. http：//www.gov.cn/xinwen/2015-11/03/content_2959432.htm.

因为城镇化既能增加投资又能拉动消费,是扩大内需的必然选择。调整经济结构、转变经济增长方式、提高人民生活水平都需要扩大内需。城镇化进程将不断提高居民收入,带动一个地区的全方位需求,是保持经济平稳、较快发展的持久动力。

(二) 推进新型城镇化是加快工业化的重要载体

城镇化是现代化的重要标志,从某种意义上讲,城市建设就是经济建设,城市投入就是产业投入。城镇化和工业化是现代化的两个特征,缺少工业化,城镇化就没有发展动力;缺少城镇化,工业化就失去发展载体。推进新型城镇化可以做大做强中心城市和县城,更好地发挥带动作用,培育和壮大优势产业和特色产业。特别是发展小城镇的农村社区加速各类生产要素向城镇聚集、促进土地节约集约利用,为工业化提供更多的发展空间。因此,加快推进新型城镇化,充分发挥新型城镇化的引领作用,能够为工业化提供强有力的载体和支撑,为新型工业化注入新的动力和活力,推进工业化由低级阶段向高级阶段演进,实现工业经济的快速提升。同时,加快推进新型城镇化,可以加快以服务业为主的第三产业的发展。河北省第三产业增加值低于全国平均水平,农村人口向城镇和社区集中,需要服务业跟进,为第三产业发展创造了良好的条件。

(三) 推进新型城镇化是解决"三农"问题的重要途径

中国是一个农业大国,农村人口多,农业大而不强,"三农"问题是制约"三化"① 协调科学发展的最大症结,人多地

---

① "三化"指,制度化、规范化和程序化。

少是制约"三化"的最现实问题。发展实践证明，只有加快推进新型城镇化进程，才能破解用地刚性需求与保护耕地硬性约束的难题；只有拓宽工业发展与城镇建设空间，才能减少农村人口、推动农业规模化生产和组织化经营，才能提高农业劳动生产力和综合生产能力，尤其是把新型农村社区建设作为重要节点，既能够促进农村扩大投资、增加消费，又能够促进农村公共服务水平提升，成为经济发展的一个新的重要增长点。

（四）推进新型城镇化是实现富民强市的必然选择

城镇化的推进、城市活力的增强、城市综合实力的提升，对一个地区和城市的发展起着举足轻重的作用。从一般意义上说，城镇化率每提高1%，将带动消费提高、投资增加、GDP增长1%以上。当前，浙江省经济总量小，发展水平低，要实现科学发展、务实发展、赶超发展，提高综合经济实力，加快实现富民强市步伐，必须大力推进新型城镇化。同时，以农村社区建设为切入点的新型城镇化主要参与者是农民，最大受益者也是农民，为农业大省解决农民这个最大群体的民生问题，创造了条件、提供了保障。

四、新型城镇化建设中存在的问题

积极稳妥地推进新型城镇化，这是一个长期、艰巨、复杂的过程。新型城镇化建设关系到资源的合理利用和经济发展，其建设进程面临着观念错位、体制落后、规划混乱、质量低下、资源耗费、生态污染、文化破坏、融资"瓶颈"八大问题。

（一）一些地方关于城镇化的观念相对滞后

第一，在价值取向上，一些地方政府片面理解城镇化。

在价值取向上，一些地方政府将城镇化片面理解为城镇人口的持续增加和城镇规模的不断扩张，忽视"新增城镇人口如何安居乐业""在城镇人口不断增加的同时，如何完善城镇基础设施和基本公共服务"等民生问题，导致城镇化的扭曲性发展。

第二，对新型城镇化建设的意义认识不足。

新型城镇化的核心是人的全面的现代化，包括人的思想观念、价值追求、生活方式、知识结构等的现代化。但很多人认为，城镇化就是把原来属于乡村的地域划入城镇空间，导致"伪城镇化""半城镇化"和"空心城市化"的现象突出。农民虽然已经离开乡村在城镇就业与生活，并被计算为城镇人口，但不能完全享有与城镇居民同等的权利和福利保障待遇，不能真正融入城镇社会。

第三，把城镇化理解为房地产化。

城镇化建设期间，很多地方为确保政绩，过度依赖于土地财政，不惜一切代价建设房地产业，催生地产"泡沫"，出现了一些"鬼城""空城"现象。其实，房地产虽和城镇化有深刻关联，但城镇化却不等于房地产开发。实施城镇化建设是一个系统工程，离不开基础设施和房地产这些硬件建设，但还需要区域发展的定位和功能布局、政策的创新和环境的打造、产业的导入和培育、农民的就业和收入多元化设计等。

（二）一些地方关于城镇化的政策相对滞后

第一，城乡二元结构制约新型城镇化。

一是原有户籍制度在一定程度上阻碍了农民市民化进程，农业转移人口难以在城镇落户，无法顺利实现身份转变；二是城乡有别的二元社会保障制度，让流动频繁的农民很难异地报销"新农合""新农保"等各种社会保险，农民工输出地与农民工输入地之间的衔接制度没有完善。如2010年6月，广东出台《关于开展农民工积分制入户城镇工作的指导意见（试行）》，依据若干指标给农民工打分，积满60分便可申请入户，其配偶和未成年子女可以随迁。[①] 2010年8月，重庆则大手笔推出了两年300万、十年1000万的农民进城计划。[②] 但效果不是很明显，因为相当规模的人口流动是跨省（区、市）的，一省（区、市）范围内的户籍制度改革存在局限性。因此，户籍制度改革须在全国范围内进行。

第二，农村土地制度改革滞后。

农民承包地和宅基地指标转化为城镇建设用地指标流转分配问题多，城镇化只能局限于"要地不要人""要人手不要人口"的模式，不利于推动农村土地流转和农业适度规模经营。

第三，城镇化建设发挥财政和税收的导向作用与扶持作用偏弱。

公共服务的财政分担机制不健全，流动人口的公共服务支出很少实行政府转移支付的额度与地方已经吸纳的流动人口数量挂钩；农民市民化的成本分摊机制，缺乏中央政府与地方政府、输入地政府与输出地政府对农民市民化成本分摊的总体设计。人口增加没有带来税收增加，间接税收（企业缴纳的增值

---

① 数据来源：http://www.scio.gov.cn/xwfbh/gssxwfbh/xwfbh/guangdong/Document/662166/662166.htm.

② 数据来源：http://www.cq.gov.cn/publicity_jlpqzf/gtzyny/td/351405.

税等）向直接税收（个人缴纳的房产税、遗产税、赠与税、消费税等）的转变少。

第四，省级、副省级、地级、县级、镇级等五个层级的等级化城镇管理模式。

五个层级的等级化城镇管理使得大城市和中心城市快速扩张，中小城市与小城镇的空间结构混乱，难以获得充足的公共资源并享有充分的公共管理职能，不利于大中小城市和小城镇协调发展。

（三）一些地方城镇化规划较为混乱

第一，没有明确的目标和方向，总体规划、分区规划、专项规划等统筹衔接不够，难以形成分工明确、布局科学合理的城镇体系和空间格局。

第二，群众对城乡规划了解不够，支持力度不大，规划实施刚性不足。

第三，存在权力替代制度的现象，一个领导一种做法，换一任领导就换一套规划，城镇规划不断更改，城建项目不断推倒重来，造成严重的资源与资金浪费。

第四，不注重特色设计，城镇与城镇之间、城镇与乡村之间分工协调机制尚未形成，人口、产业聚集能力较弱。

（四）一些地方城镇化发展质量较低

第一，城镇化水平滞后于非农业化水平。

城镇不仅是第二产业的聚集地，同时是第三产业的聚集地，促使农民转向工业就业，或转向服务业就业。城镇化过程是非农化的过程，农业转移劳动力进城务工经商实现了非农化，但其身份还是农民，就业不稳定，更换工作和就业地点的频率高,无法形成一个稳定的阶层,不利于社会融合和社会互动,对城镇化质量的提高和城镇化健康发展影响很大。

第二,城镇化发展滞后于工业化发展。

工业化是城镇化的经济内涵和发动机,城镇化是工业化的空间表现形式和促进器,理想的城镇化发展模式是工业化与城镇化同步推进,二者协调发展。中国长期实行重工业化优先发展战略,而重工业是资本密集型产业,吸纳劳动力就业较少,再加上户籍、社保等制度安排,人为地限制了农村劳动力向城镇流动、向非农产业转移,使城镇化的质量大打折扣。

第三,农业现代化滞后,城乡一体化进展缓慢。

高质量的城镇化是城镇化与农业现代化相互促进、同步发展的过程。随着越来越多的人口涌向城镇,农村以留守老人和留守儿童为主,人口结构发生重大变化,农村基础设施建设、环境卫生治理、公共服务体系建设等方面的投入不足,农村与城镇的发展差距加大。

第四,发展空间失控,出现用地粗放、土地闲置、开发时序和用地功能混乱等问题。

中国采取层层下拨的方式分配建设用地指标,在这一过程中,争取更多的城市建设用地指标成为各级政府城市建设的重要目标,导致一些地区盲目圈地,甚至圈而不用,囤积土地。

(五) 一些地方城镇化资源利用效率较低

第一,土地城镇化产生资源错配和浪费并存的现象,耕地保护制度有待完善。中国耕地资源呈现人均耕地少、优质耕地少和耕地后备资源少的基本特点。在城镇化过程中,耕地保护制度还没有上升到维护社会公共利益和公共安全的高度,保护目标限于保障粮食安全,保护范围有待扩大,存在重城市管制、轻农村约束和重农转非管制、轻非转农激励的倾向。

第二，水决定城市的存亡，中国大部分城镇存在"缺水"问题。在推进城镇化的过程中，由于人口和用地的爆发式膨胀，水资源利用更是紧张。

第三，随着城镇化进程的加快，电、石油、燃气、煤等能源和矿产资源消耗水平快速提升，亟需调整城镇的能源结构。

（六）一些地方城镇化生态污染较为严重

第一，工业化水平不断提高，城市基础建设相对滞后。

第二，工业生产、交通运输和日常生活所消耗的自然资源以及排放废弃物的数量，超过了自然环境的净化能力，生态系统受到严重破坏。

第三，开发建设忽视立体交通体系、污水收集管网、城市垃圾处理等市政基础设施，挤压绿色空间，以致交通拥堵、城市内涝、废水排放等"城市病"问题突出。生态产品供给能力薄弱，空气、水、土壤等与人民群众生活相关的生态环境承载力过大。

（七）一些地方在城镇化过程中文化破坏较为严重

一些地方在城镇化建设过程中、不够重视历史文化的传承和创新，城镇文化破坏严重。大规模的建设往往伴随着旧城改造和老城拆迁，由于对历史上留存的建筑、遗迹，及形成的城市景观、街区风貌和空间形态缺乏足够的尊重和保护，新建过程中规划、设计和建设又不注重历史文化的创新性传承，致使一些历史留存毁掉，文化遗迹消失、城市的历史感消失。

(八) 一些地方在城镇化过程中存在融资"瓶颈"

第一,地方投融资问题尚未纳入国家统一规划和制度安排,信贷支持政策、银行监管政策等与城镇化建设的资金需求、建设周期、投资风险控制等难以匹配。

第二,没有建立适应城镇化资金需求的多元化投融资机制,直接融资渠道有限,融资方式仍以银行贷款为主,还款来源主要还是土地收入。

第三,金融体系不健全,政策性金融与商业性金融界限不清,金融机构产品创新不足。

第二节　中国新型城镇化建设中的金融支持

新型城镇化是以城乡统筹、城乡一体、产城互动、节约集约、生态宜居、和谐发展为基本特征,并与工业化、信息化和农业现代化同步发展,以实现大中小城镇现代化为目标的变迁过程。在此过程中,金融需求和支持将会不断产生、持续释放、交互作用、共同促进与发展。国家开发银行预计,未来3年中国城镇化资金需求量将达25万亿元,[①] 如此庞大的资金需求若没有强有力的金融支持,则新型城镇化目标难以实现。事实证明,金融支持与创新是新型城镇化的必要条件和助推器。它不仅能使金融机构增强可持续盈利能力,而且能充分发挥因金融集聚与金融辐射而形成的经济杠杆作用,为新型城镇化提

---

① 张国栋. 中国新型城镇化投融资模式研究. 经贸实践,2017 (5):110 – 114.

供灵活的融资机制。通过对金融要素的有序组合和创造性变革，不仅能够扩大融资渠道、提高资产流动性，而且能有效地降低融资成本和化解金融风险，推动新型城镇化快速发展。

一、新型城镇化中保障性住房融资状况

2013年底，中国城镇化率为53.73%，而户籍人口城镇化率只有36%左右，城镇常住人口中有2亿多没有非农户籍，在教育、就业、医疗、养老、保障性住房等方面无法享受城镇居民的基本公共服务，大量农业转移人口难以融入城市，市民化进程滞后。[①] 2020年，常住人口城镇化率达到60%左右，户籍人口城镇化率达到45%左右，意味着每年新增约2000多万城市人口，住房需求规模大。[②] 且大部分都是中低收入人群，无法依靠自身能力购买商品房来满足其住房需求。

1. 财政资金的杠杆效应不显著

保障性住房的财政资金或政策性资金主要包括中央财政补贴、地方政府预算、公积金贷款，以及一定比例的土地出让净收益和地方债券，然而资金的实际可供给量非常有限。比如，廉租房的建设资金构成中，地方政府出资（包括财政预算、土地出让收益和债券）200~300元，中央财政补贴400元，然而这两项合计还不到廉租房单位面积建安资金的30%。[③] 目前，财政资金主要是直接补贴，用于征信、扩大融资能力和贴息的资金比重非常小，财政资金撬动融资的杠杆效应没有得到充分

---

①② 从规模城镇化走向人口城镇化．见新华网．http://xinhua.com.
③ 王祖继．完善保障性住房 投融资机制的初步研究．行政管理改革，2011(9)：9-14．

体现。

2. 急需建立多层次融资结构

保障性住房建设投资规模大、回收期长，金融机构面临资金流动性风险。目前，保障性住房的相关政策中提出的资金来源并不明确，缺少一个与多层次保障性住房体系匹配的融资结构。因为按照一年1000万套保障性住房（50平方米/套）建设量计算，需要1.38万亿元的投入。目前的资金构成比例中各类财政性投入仅占30%，即需要通过市场化解决剩余70%的资金，也就是说，每年需要融资9660亿元。以"十二五"规划前三年3000万套保障性住房来测算资金成本和目前廉租房、公租房的租金水平看，大部分城市的租金无法支付融资的财务成本，更没有明确的偿付本金的资金来源。

二、新型城镇化中新兴产业发展的金融支持状况

资本市场是培育和发展战略性新兴产业，促进产业结构优化升级的重要外部动力。中国的战略性新兴产业大多处于初期发展阶段，随着成长型企业增多和产业转移集聚加速，技术创新、产业梯度转移以及工业园区等领域的金融需求明显增加。这些是针对大城市而言的，而新兴中小城镇的新兴产业，并未发展壮大。一个重要原因，即资金的缺口大、成本高、风险大，亟需更多适合新型工业化发展的金融新产品、新服务。

1. 金融资源对新兴产业的支持未形成良好市场环境

一方面，新兴城镇的新兴产业衍生企业多为科技型中小企业，而在一些县级城镇这类企业都极少、极小，在金融界的形象和信誉尚未建立，金融主体与企业主体信息不对称。另一方

面,银行在为中小企业提供融资服务的过程中,单位资金的平均信贷审批成本以及信息与风险控制成本相比大企业较高,导致其与中小企业难以建立长期、稳定、紧密的合作关系。由于处于产业化初期,企业的资产主要是知识产权等无形资产,不能采用传统的固定资产抵押等担保方式,银行与企业的对接存在大的障碍。多种定价管制机制也使新兴产业市场的资金供给动力不足。利率市场化改革特别是贷款利率市场化定价机制改革相对滞后,银行在发展新兴企业和中小企业信贷上定价空间较小,银行服务的利益动机不足。

2. 风险投资功能发生偏离

风险投资具有筛选培育、风险管理等功能,能够以其独特的"投资+哺育"模式对战略性新兴产业的发展起到特殊孵化作用,是处于初期发展阶段、以创新为驱动力的战略性新兴产业的最契合融资伙伴。然而,目前中国新兴城镇的风险投资普遍存在短视行为。风险投资弱化了其对战略性新兴产业筛选培育、长期投资的经典功能,不利于战略性新兴产业的培育和壮大。

三、新兴城镇的金融支持概况

新型城镇化中农业发展的金融支持状况与中心城市不同,新兴城镇的农业是其重要产业,而其农业又区别于远离城镇的非市属农业,后者为广大农村地区的基本产业作为新兴城镇的农业,既是重要产业,也是新型城镇化进程中的过渡性产业,它有待规模化、机械化和电气化。离开新兴城镇所属农业的现代化,其产业升级、转型便无从谈起,新型城镇化的目标难以实现。然而,目前附属于新兴城镇的农村,农业因缺乏有力、有效的金融支持,生产仍较落后,基础设施建设滞后。随着农业集中化的推广,农资方面(如化肥、农药、种子、农膜、饲料等)的支出增大,流动资金的需求旺盛;同时,由于机械化程度的提高,催生了较大的购置农机设备的资金需求。农业风险高且抗风险能力弱,在传统的农业生产过程中,单个农户生产规模非常小,风险意识淡薄;实行规模化生产经营,发展现代农业后,必须采取有力措施应对不可抗力风险。随着农业现代化的发展,规模化种植、养殖农户和农业企业对涉农保险将有较大需求。

1. 新兴城镇的农村金融组织体系不健全

有关这方面的情况见表2-1。

表2-1　　　　　　　　中国农村金融组织体系

性质	机构	主营业务	政策	最新动态
政策性银行	农业发展银行	主要提供粮棉油购销贷款,不面向一般农企、农户贷款		政策性功能未充分发挥
商业银行	工商银行、中国银行、中国建设银行	信贷业务重点转向城市	股份制改造	大量撤并县及县以下机构,精简从业人员
	农业银行	面向"三农"的市场定位,以城市业务为主		服务"三农"的机构维持在县一级,涉农贷款主要面向农村基础设施和农产品加工企业
	邮政储蓄	2007年,在成立邮政储蓄银行之后,确立了支持"三农"的零售银行定位		处于转型发展初期,有效支持不足

续表

性质	机构	主营业务	政策	最新动态
农村合作金融	农村信用社、农村合作银行、农村商业银行	农村金融的主力军	自主经营、自负盈亏的发展战略	逐渐向商业化银行倾斜，脱离与农户、农业企业、农村的互助合作关系
	村镇银行、小额贷款公司、农村资金互助社			处于起步阶段，规模有限，无法发挥其在农业现代化中的主导作用

资料来源：根据中国人民银行公布的相关资料整理计算而得。

2. 金融支持力度不足

国有大型商业银行削减农村经营网点，农村信用社经营的去农化倾向明显，商业化气息越来越浓，而新型农村金融机构门槛设置太高，导致金融机构在农村地区经营网点减少，农村地区金融服务出现真空。根据中国银行业运行报告（2013年度）中的相关数据，全年银行业金融机构涉农贷款（不含票据融资）余额为20.9万亿元，仅占各项贷款总额的27.3%，针对农户的贷款更是少之又少。中国银行业的零售业务集中在大中城市，而新兴城镇的农村地区由于农民收入低、居住分散，各银行机构都不愿涉足，农村个人金融业务一直被银行业所忽视。

3. 新兴城镇附属乡村农业保险缺失

事实表明，对新兴城镇和农村提供保险有助于改善农业和经营主体的经济地位，便于农业资金的导入。而新型城镇化的乡村农业保险回报率过低，同时相关政策与法律法规的支持欠缺，商业保险公司一般不愿办理农业保险。根据陈宇（2014）研究中的相关数据显示，自2007~2012年，保费收入超过600

亿元，但是赔款也超过400亿元，5年中农业保险的总体赔付率高达66%，明显超过其他险种的赔付率水平。基于自身利益的考量，各金融机构严格控制成本、拉低平均收益率的农村贷款，增加了市郊乡镇农业融资的难度。

四、新型城镇化中基础设施建设的金融支持状况

基础设施建设在新型城镇化过程中具有基础性、全局性、先导性的作用。基础设施是新型城镇化进程中空间城镇化的重要内容，而新型城镇化又是基础设施（交通道路、供水供电设备、公共绿化）加速建设的过程。例如，日本基本建设投资的增速在城镇化快速发展阶段的后半程，继续呈现上升趋势，在城市化率达到70%后才开始趋于稳定。① 主要用于住宅、学校、医疗机构、道路、公共服务设施等基础设施建设的投资需要多元化的融资渠道和融资方式，尤其是政策性资金与商业性资金配套、直接融资与间接融资互补。

五、新型城镇化中基础设施建设的金融支持

1. 新兴城镇基础设施投资占比低

联合国开发计划署的研究表明，发展中国家城市基础设施投资最好占固定资产投资的10%~15%和GDP的3%~5%。1978~2011年，中国城市基础设施投资占固定资产投资年均比重为3.97%，占GDP的年均比重为1.54%，远低

---

① 蓝弘新，张秋阳. 日本城镇化发展对我国的启示. 城市，2013（8）：34-37.

于发展中国家的平均水平,由此逐年累积形成了巨额投资欠账。如果剔除大都市和中心城市,那么,新兴城镇的基础设施投资和固定资产投资与 GDP 之比会更低。

2. 新兴城镇建设资金来源结构不合理

在中国城市建设融资领域,间接融资比重近 50%,直接融资比重基本不到 1%,绝大部分是债券。这还是包括大中心城市总体状况而言的,新兴城镇状况不容乐观,直接融资尤其是靠债券融资的比率更加微乎其微。2001~2011 年,中国城市建设资金来源中地方财政拨款、国内贷款和自筹资金几乎各占30%。考虑到自筹资金中有相当一部分实际是银行贷款,在资本市场尚不发达的阶段,银行信贷成为城市建设的主要资金来源是必要的,但同时也使得基础设施建设融资结构过于单一,银行体系与地方经济发展产生了更加复杂的关联和风险因素。

3. 过于依赖土地财政

2007~2012 年,全国国有土地使用权出让收入与地方本级税收收入、地方本级财政收入、地方公共财政收入的比值分别从 0.38、0.31、0.17 上升到 0.60、0.47 和 0.27,土地出让收入(未扣除成本)所占比例明显上升,在 2010 年达到最高值,和地方本级税收收入几乎相当。据国土资源部统计,2014 年一季度土地出让收入达到 1.08 万亿元,同期地方财政收入 1.95万亿元,土地出让收入占地方公共财政收入比值为 55.6%,地方财政对土地的依赖程度依然严重。土地的深度开发是土地资产增值的前提,一旦没有足够的土地收益,该融资模式就会失去物质基础。土地价格始终维持在高价区域,地方政府及其融资平台就能获得稳定的现金流来维持融资模式运转。假如经济增长放缓,土地价格大幅下跌甚至流拍,地方政府收入将难以保证。地方融资平台偿债能力下降,信用无法兑现,就有可能波及银行类金融机构,甚至诱发系统性金融风险。

第三节 特色小镇的建设与发展: 来自浙江的案例

2015年以来,浙江省较为系统性地提出了"特色小镇"的发展模式,并在实践中初步取得成效,备受各界关注。浙江省"小镇经济"的模式,是在城市逐渐步入存量发展阶段、以创新推动产业转型升级的"新常态"背景中的探索,试图引领浙江传统块状经济及新兴产业向特色化高阶迈进。本节研究了"特色小镇"的内在发展要素及运行机制,也将为国家层面小城镇范畴内专业特色镇的建设提供经验借鉴。

"七山一水两分田"的自然空间格局,使得浙江长期致力于在有限的空间中优化生产力的布局,生产、生活、生态融合的新趋势重新定义了空间的功能。互联网+、电子商务、物联网、大数据、云计算等产业趋势在模糊产业边界的同时,也重构了现有的产业体系。如何利用现有的空间促进传统产业升级和新兴产业的发展,成为政策突破的落脚点。在此背景下,"特色小镇"成为浙江省基于自身产业特色基础上,破解空间资源"瓶颈"、实现经济结构转型、改善人居环境和推进新型城镇化的创新尝试。

一、浙江省"特色小镇"的发展模式

浙江省"特色小镇"最早在2014年10月提出,并通过出台系列政策文件加以推广。其背景是,浙江省利用自身的信息

经济、块状经济、山水资源、历史人文等独特优势,适应和引领经济"新常态"的重大战略选择。根据《浙江省人民政府关于加快特色小镇规划建设的指导意见》和目前特色小镇的建设情况,可以看到与以往的镇域经济相比,有以下几个方面的显著特点。

(一) 空间载体不特定的功能发展平台

"特色小镇"与传统的小城镇空间不同,其不是行政区划单元上的"镇",也不同于产业园区、风景景区,而是相对独立于市区,有明确的产业定位、文化内涵、旅游特色和一定社区功能的发展空间平台。具体分析杭州市第一批特色小镇的区位,见表2-2,可以看到其与行政建制的镇并没有关系,大多位于城乡结合部。同时,受产业因素影响,管理部门多为各园区管委会或者特色小镇管委会,制度上更接近开发园区的管理模式。

表2-2　　　　　杭州市第一批特色小镇的区位

小镇名称	具体区位	管理部门
上城玉皇山南基金小镇	杭州市上城区玉皇山南区域	玉皇山南基金小镇管委会
西湖云栖小镇	杭州之江国家旅游度假区核心区块	杭州云栖小镇管委会
西湖龙坞茶镇	杭州西湖区转塘街道龙坞地区	转塘街道
余杭梦想小镇	杭州未来科技城仓前地区	未来科技城管委会

续表

小镇名称	具体区位	管理部门
余杭艺尚小镇	杭州临平新城核心区	临平新城开发建设管委会
江干丁兰智慧小镇	杭州江干区丁兰街道	丁兰街道
临安云制造小镇	杭州青山湖科技城	青山湖科技城管委会
桐庐健康小镇	杭州桐庐富春山健康城的核心区块	桐庐富春山健康管委员
富阳硅谷小镇	杭州富阳区经济技术开发区	富阳经济技术开发区管委会

资料来源：作者根据相关资料整理而得。

（二）依托特定产业打造专业化功能

在产业功能上，有别于传统小镇经济的产业低端化或产业选择被动性，特色小镇强调主动依托特定产业走"高精尖"的模式。根据《浙江省人民政府关于加快特色小镇规划建设的指导意见》，明确"特色小镇"的产业定位需要符合信息经济、环保、健康、旅游、时尚、金融、高端装备制造等七大产业，以及茶叶、丝绸、黄酒、中药、青瓷、木雕、根雕、石雕、文房等历史经典产业。2015年，浙江省推出建设第一批37个特色小镇也集中在以上几个导向，见表2-3。一方面，产业导向是建立在浙江省块状经济和新兴产业的基础上，大部分已具有一定的产业基础或产业发展条件；另一方面，注重产业的错位发展，避免资源浪费和重复竞争。

表2-3　　　　浙江省第一批特色小镇的产业情况

	产业导向	相关内容	产业基础或发展条件
新兴经济	信息产业（5）	江干丁兰智慧小镇、梦想小镇、西湖云栖小镇、富阳硅谷小镇、德清地理信息小镇	依托原有的科技园区和企业
	健康产业（2）	桐庐健康小镇、奉化滨海养生小镇	依托自然资源，升级延伸产业链
	旅游产业（8）	嘉善巧克力甜蜜小镇、武义温泉小镇、龙游红木小镇、常山赏石小镇、开化根缘小镇、仙居神仙氧吧小镇、莲都古堰画乡小镇、景宁畲乡小镇	依托自然资源和产业资源等
	金融产业（4）	上城玉皇山南基金小镇、梅山海洋金融小镇、南湖基金小镇、义乌丝路金融小镇	依托原有金融基础或产业基础
新兴经济	历史经典产业（7）	西湖龙坞茶镇、湖州丝绸小镇、南浔善琏湖笔小镇、越城黄酒小镇、磐安江南药镇、龙泉青瓷小镇、青田石雕小镇	依托地域历史文化和传统特色产业
块状经济	高端装备制造产业（6）	临安云制造小镇、江北动力小镇、苍南台商小镇、海盐核电小镇、黄岩智能模具小镇	依托已有的制造业基础

资料来源：作者根据相关资料整理而得。

（三）重视环境景观化营造与现代化基础设施配套

在传统强调软环境营造与硬环境建设的基础上，特色小镇更是将智慧、互联网+、文化这些前沿要素融入其中。特色小镇的选址上注重周边环境生态，如梦想小镇所在仓前古镇，文化积淀深厚，周边有余杭塘河、西溪湿地，规划建设上将生态景观资源与地域文化的特色相融合。同时，根据《浙江省人民政府关于加快特色小镇规划建设的指导意见》，所有特色小镇要建设为3A级以上景区，旅游产业类特色小镇要按5A级景区标准建设，这也为优质环境营造建立了评价标准。为了适应新经济的发展，特色小镇建设中也强调产业生态链和文化氛围的培育，政府负责搭建好公共服务平台，为企业提供精准的服务。打造众创孵化空间、信息化的服务窗口，通过构建完善的产业链和有机的生态圈，推动产业集聚。

（四）享受综合性政策配套红利支持

关于政策制度方面，在全方位政策支撑的基础上创新政策供给。浙江省的各种政策红利支持特色小镇的发展，见表2-4，在《浙江省人民政府关于加快特色小镇规划建设的指导意见》中也强调了小镇制度供给的创新，特色小镇定位为综合改革试验区，因此可以优先上报国家和省先行先试的改革试点，甚至允许先行突破符合法律要求的改革。

表2-4　　　　　浙江省的特色小镇主要政策文件

序号	政策名称
1	《关于加快特色小镇规划建设的指导意见》
2	《关于推进电子商务特色小镇创建工作的通知》
3	《关于加快推进特色小镇建设规划工作的指导意见》
4	《关于金融支持浙江省特色小镇建设的指导意见》
5	《浙江特色小镇建成旅游景区的指导意见》
6	《关于高质量加快推进特色小镇建设的通知》

资料来源：作者根据相关资料整理而得。

特色小镇也可以结合自身产业定位,出台"量身定制"的扶持政策。例如,杭州市西湖区出台的《关于加快推进云栖小镇建设的政策意见》,从为鼓励企业发展、人才引进、企业创新等六个方面制定了细则,见表2-5。

表2-5 《关于加快推进云栖小镇建设的政策意见》的主要内容

政策重点	具体内容
鼓励企业落户	五年内不同程度的房租减免或补助(包括大企业、中小涉云企业、孵化器运营商、各类金融机构等)
鼓励企业发展	追加投资奖励 云服务补助 金融奖励
鼓励人才引进	实施杭州市人才引进政策 优先申请工程师公寓 提供人才租房补助
鼓励企业创新	鼓励职务发明专利的申请和授权 鼓励涉云企业申请国家、省、区、市的相关政策 鼓励涉云企业及各类机构在小镇举办有影响力的各类行业活动
鼓励企业贡献	对于贡献较大的企业给予奖励 奖励为小镇做出重大贡献的企业家或个人
鼓励配套服务	鼓励并补助自有产权的小镇企业自建或引进配套服务设施 鼓励并补助政府自持的商业物业引进配套服务设施 鼓励并补助中介组织入驻小镇

资料来源:http://www.hzxh.gov.cn/col/col1376445/index.html。

(五)坚持市场导向的运作模式

浙江省坚持分工明晰、以企业为主体的运作模式,充分发挥市场在资源配置中的决定性作用,并贯穿始终。在申报阶段,并不按照各地申报情况平均分配名额,而是秉承质量优先的原则,在全省范围内进行筛选。在筛选阶段,各申请主体需提交小镇投资主体、投资规模、建设计划,并明确到各年度。在实施阶段,建立年度考核和验收程序,对小镇建设予以监督。充分利用行业领军企业的品牌效应,激发市场活力。如云栖小镇中一些知名企业,通过打造"创新牧场"项目、"产业黑土"项目、"科技蓝天"项目,从市场的角度为中小微企业的创业创新提供支撑平台。

二、浙江"特色小镇"的意义

国家发展和改革委员会提出2016年积极引导扶持1000个左右条件较好的小城镇发展为专业特色镇,其背景在于小城镇在新型城镇化背景下,对容纳农村转移人口、平衡区域经济发展、缩小城乡差别、推进城乡一体化进程中都发挥着积极的作用。长期以来,"小镇经济"受到行政制度的约束,在行政权力和各方资源方面都受到很大的约束,包括土地指标、财政支持、政策优惠等,小城镇向新型城镇转型在新经济发展领域并不具有优势。浙江"特色小镇"模式的创新为专业镇发展提供了多元的可能性,本章认为有以下四种模式,为专业镇的建设提供经验。

(一)产业专业中心模式

小城镇通过与城市的协同合作,形成与城市横向错位发展、纵向分工协作的发展格局。借鉴浙江省"块状经济"的转型升级经验,如临安云制造小镇、江北动力小镇等。这类专业镇产业类型以制造业为主,通过专业服务提升和产业升级实现产业"高精尖"发展,成为具有竞争力的产业专业中心;同时,可以通过服务全球企业介入全球生产网络结构中。

(二) 高端服务业模式

小城镇通过依托优质环境和公共服务,成为高端服务业的聚集地。如浙江玉皇山南基金小镇、桐庐健康小镇等。这类小镇产业类型以金融、健康医疗等高端服务业为主,具有一流的环境基础及对优秀人才和产业的吸引力,其自身在区域资源配置方面就能起到重要作用。

(三) 产业创新中心模式

小城镇通过科技园区、大学成为产业创新中心。这类小城镇可利用较低廉的创业成本和相对充足的发展空间,与高水平的科技园区或研究机构建立积极的战略关系,实现知识的外溢效应。

(四) 文化旅游模式

小城镇通过依托地域文化或旅游资源,实现文化、旅游、经典历史产业的综合发展。如西湖龙坞茶镇、龙泉青瓷小镇、嘉善巧克力甜蜜小镇等,一方面,可以充分挖掘地域文化(茶叶、青瓷)传统;另一方面,也可以发挥产业(巧克力)文化的品牌效应。

浙江省的"特色小镇"通过在空间载体、产业功能、环境配套、政策制度、运作模式等多方面的创新,成为有限空间下破解经济结构转型困境的重要尝试,其以供给侧结构性改革的思路,充分激发了市场的活力,实现了经济发展动力的转换。同时,"特色小镇"也为全国范围内不同类型的小城镇发展为专业镇提供了思路和经验借鉴,如专业中心模式、高端服务业模式、产业创新中心模式、文化旅游+模式等。最后，需要注意的是，"特色小镇"的建设仍属于初步发展阶段，需警惕发展过程中空间资源的浪费、产业同质竞争等问题，也希望未来能形成更加成熟和具有特色的理论研究与实践。

第三章

差异性融资渠道对新型城镇化率的影响

第一节 引　　言

自十八届三中全会以来,以促进中国城镇化健康、科学、可持续发展,推进城镇化的提质增效,加快中国城镇化红利的释放,使城镇化成为经济社会转型的重要引擎作为目标,城镇化建设得到了前所未有的发展。《国家新型城镇化规划(2014~2020年)》(2014年)中提出,推行"完善财政转移支付制度""培育地方主体税种"和"地方债发行"等措施,以此吸引社会资本进入城市基础设施和公共服务等领域,其主要目的是为实现城镇化建设资金的多元化。中国人民银行在《2012年第四季度中国货币政策执行报告》中,总结了城镇化建设资金来源主要有三方面:一是传统意义上的政府税收收入;二是基于使用者付费原则的项目收益;三是通过发行市政债券或类似债务工具从金融市场融资。① 这与政府主导的中国新型城镇化建设的资金来源基本相似，官方资本和民间资本成为两大主要资金来源，在新型城镇化建设中，除了常规性的银行融资和债券、地方性债务发行之外，地方性资本来源还包括民间借贷、企业间的融资、资产证券化和金融创新等途径。

中国社科院发布的《中小城市绿皮书》（2010 年）中预测，到 2030 年中国城镇化率会上升到 65%，意味着城镇化建设将产生巨大的资金不足，预测在社会保障和市政公共设施支出两个方面的资金需求将超过 30 万亿元。② 庞大的资金短缺为地方财政带来巨大支出压力。这个压力仅靠政府税收等常规公共收入难以满足。同时，近年随着金融市场化的推进，金融供给数量和渠道日益增多：金融市场准入不断降低、民间借贷合法化和地方性债务融资获准发行等都为新型城镇化建设的资本供给渠道多样化提供了可能。

政府在公共事业服务中的全国新型城镇化的特征决定了需要发挥主导、引导作用。同样，由于基础设施和公用事业建设领域具有社会资本进入门槛高、债务风险大、工程质量难以保证等一系列问题，以此为背景，政府力推 PPP 模式，在全国多个省区市进行了尝试。

浙江省作为经济强省和民间资本大省，地方性资本规模和来源具有其他省份无法比拟的优势。作为新型城镇化建设的试点省之一。2015 年 2 月 4 日，国家发展和改革委员会通知印发第一批国家新型城镇化综合试点方案。2015 年 11 月 27 日，国

---

① 见中国人民银行调查统计司网站. http://pbc.gov.cn.
② 中国城市经济学会中小城市经济委员会.《中国中小城市发展报告》编纂委员会编. 中国中小城市发展报告（2012）. 社会科学文献出版社，2012.9.

家发展和改革委员会公布第二批国家新型城镇化综合试点地区名单。浙江省共有宁波市、嘉兴市、台州市、义乌市、德清县、龙港镇等 6 个国家新型城镇化综合试点；也是全国最早探索和推动 PPP 工作的省份之一，2015 年初，浙江省出台了《关于推广政府与社会资本合作模式的指导意见》，明确推广运用 PPP 模式的基本原则和主要任务等。

第二节　关于城镇发展投资与融资的中外文文献回顾与评述

一、外文文献关于城镇发展投融资的研究

早在 20 世纪初期，发达国家就在投融资管理方面进行了一些初步探索。R. A. 穆斯格雷夫（R. A. Musgrave）认为，在研究过程中，国家财政必须要纳入经济理论体系之中。R. A. 穆斯格雷夫（R. A. Musgrave）和 W. 罗斯顿（W. Rostow）主要对一些发展中国家进行研究，并且在 1960 年提出经济成长阶段理论。理论主要内容是，在经济发展初始阶段，公共部门主要以城市道路、交通、教育、卫生等作为投资主体。这一部分投资在总投资中占了很大比例。这四个方面的投资，帮助发展中国家由欠发达阶段步入中等发达阶段。

经济学家 K. J. 巴顿（K. J. Baton）认为，城市投资在城市发展进程中是不可缺少的部分，在城镇基础设施方面尤为重要。为满足不断增加的城市人口需要，政府应努力筹集足够的资金用于城市建设。

20世纪90年代,欧美经济学家开展了一系列有关城市建设投资主体与规模方面的研究。G. 格雷顿(G. Clayton)于1994年发表文章对城市基础设施的三种可能投资主体——政府、公共机构、私营企业分别进行讨论。结论表明,私营企业在三者中的效益最高。1998年,英国经济学家威玛和耐罗毕(Wema and Nairobi)对不同地区的公共服务公平和效率进行研究,得到结论认为政府应该将最大部分的资金投入城市基础设施建设当中,同时,这些基础设施建设的资格应该被投向市场,从而降低管理成本。M. 吉部和E. 耐尔(M. Gibb and E. Nel,2007)对一铁路交通枢纽镇——亚历山大镇(Alicedale)进行了相关研究。研究结果表明,私人参与小城镇建设方面与建立合作关系十分可行。亚历山大镇(Alicedale)的发展就是一个成功案例。E. 莱姆斯(E. Lemth,2009)全面系统地对政府与私人关于小城镇基础设施合作案例进行研究,并最终提出可设立一个代理机构,使双方合作更加安全有保障,使得合作内容概念化、系统化。

二、中文文献关于城镇发展投融资的研究

陈干宇和张玲(2003)对城镇化进程开展了竞争性与非竞争性模式研究。对于竞争性的投融资,一方面,要深化间接融资体制;另一方面,要发展直接投融资。对于非竞争性投融资,既要注重"开源",也要注重"节流"。具体而言,一是要拓宽资金来源渠道;二是要收缩投资领域。

李杰(2005)认为,政府应鼓励外缘资金投资,并推动基础设施经营权外包,助力区域性债券市场建立。地方政府为刺激外源资金进入基础设施建设项目,首要条件是制定完善的政

策法规，作为制度保障。对于融资项目，城镇政府应与个人签订特许权经营协议。与此同时，必须丰富和完善项目公司的资本结构、制定合理的投资回报率。

吴树波（2006）提出了城镇基础设施建设多元化投融资机制概念，促进投资主体、投资管理方式和融资渠道多元化。

张艳纯和葛小南（2008）对多元化融资渠道进行了细化。具体包含七种渠道，分别是，政府方面的融资、收费方面的融资、土地出让金收入、建立城镇发展的资金担保机制、民间资本融资、银行方面的贷款融资、国际资本方面的融资。

范立夫（2010）认为，发展城镇经济和增加基础设施投入都离不开金融的支持，中小企业的设立和发展都离不开金融服务，尤其是信贷资金的扶持。白山（2014）的研究表明，地方政府投融资体系在城镇化建设中有着独特的主导性作用。

《国家新型城镇化规划（2014~2020年）》明确了中国今后一段时期城镇化发展的战略、目标、路径和任务。规划中明确提出，"完善财政转移支付制度""培育地方主体税种"和"地方债发行"等措施，并鼓励社会资本进入城市基础设施和公共服务等领域，实现城镇化建设资金的多元化。逐渐放开的政策以及 PPP 项目的开展，使得研究不同形式的资金来源对新型城镇化建设的促进作用大小显得更加急迫。

第三节　浙江省新型城镇化资金供给情况

一、区域融资指标体系构建

本书将浙江省新型城镇化建设的资金来源，划分为地方政府资金来源与民间资金供给。而地方政府资金来源再分为地方财政支出与地方债务性融资;民间资金供给则进一步细分为民间借贷、金融机构贷款(大型商业银行贷款、地方性中小银行贷款、金融性金融公司、其他金融创新)、资产证券化三个小类。根据城镇化建设中资本来源的渠道进行分类,构建区域融资指标体系,见图 3-1。

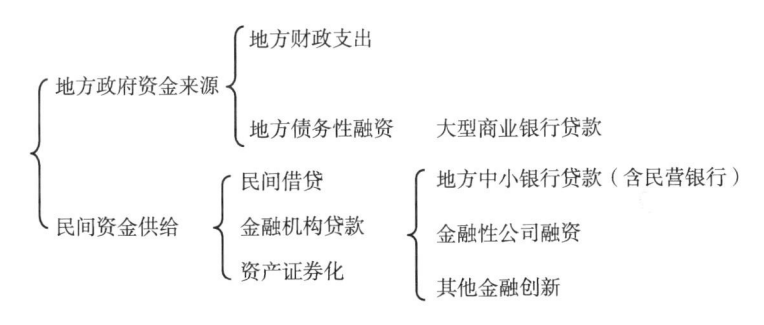

```
              ┌ 地方政府资金来源 ┬ 地方财政支出
              │                └ 地方债务性融资 — 大型商业银行贷款
              │                ┌ 民间借贷      ┌ 地方中小银行贷款(含民营银行)
              └ 民间资金供给   ┤ 金融机构贷款  ┤ 金融性公司融资
                               └ 资产证券化   └ 其他金融创新
```

图 3-1 区域融资指标体系

在新型城镇化建设,包含银行融资和债券、地方性债务发行之外,地方性资本来源还包括民间借贷、企业间的融资、资产证券化和金融创新等途径。这些途径被涵盖在五种资产投资说明中。本章对这几个项目展开讨论。

(1)国家预算资金,国家预算包括一般预算、政府性基金预算、国有资本经营预算和社保基金预算。各类预算中用于固定资产投资的资金,全部作为国家预算资金填报。

(2)国内贷款,指报告期固定资产项目投资单位向银行及非银行金融机构借入用于固定资产投资的各种国内借款。包括银行利用自有资金及吸收存款发放的贷款、上级主管部门拨入的国内贷款、国家专项贷款,地方财政专项资金安排的贷款、国内储备贷款和周转贷款等。

(3) 自筹资金，指固定资产投资单位在报告期收到的，由各企业单位、事业单位筹集用于固定资产投资的资金，包括各类企事业单位的自有资金和从其他单位筹集的用于固定资产投资的资金，但不包括各类财政性资金、从各类金融机构借入资金和国外资金。

(4) 其他资金，指在报告期收到的除以上各种资金之外的用于固定资产投资的资金，包括社会集资、个人资金、无偿捐赠的资金及其他单位拨入的资金等。银行融资在国内贷款项目中，债券则是在国家预算资金项目内，地方性债务发行被包含在其他资金项目内。同时，民间借贷、企业间的融资、资产证券化和金融创新都由于没有在定义中得到解释，本章暂时把它归纳在其他资金项目中，见表 3-1。

表 3-1　　　　浙江省城镇固定资产投资分布情况　　　　单位：亿元

年份	城镇固定资产投资完成额	国家预算内资金	国内贷款	自筹资金	其他资金	总额
2004	3998.77	75.43	1171.85	1910.9	1231.66	3297.4
2005	4784.68	103.8	1239.8	2401.1	1245	4017.6
2006	5429.28	122.6	1390.2	2905	1515.3	4730
2007	5996.93	186.49	1704.97	5556.1	2042.01	8103.5
2008	6551.1	305.1	1631.6	3766.4	1708.1	5935.9
2009	7454.33	395.29	1921.21	4178.44	3113.02	6673.97
2010	8438.08	396.04	2150.18	4825.24	3410.12	7536.37
2011	13651.65	687.11	2604.28	8862.51	3492.64	12424.71
2012	17095.96	928.24	2768.62	10993.78	3787.88	14902.3
2013	20194.07	1187.82	3189.14	13715.92	5041.7	18337.09
2014	23554.76	1403.62	3597.46	16144.56	4506.36	21360.17

资料来源：根据国家统计局相关数据整理计算而得。

二、资金数量多少的相对强度分析

在固定资产投资来源中，对比前后国家预算内资金和浙江省自筹资金的显示性竞争优势呈现加速增长的趋势，这是国家大力扶持新型城镇化建设的体现。伴随着国家政策资金的增长，国内贷款增速维持稳定但是有略微下降的趋势，利用其他资金来源增速放缓。从大致趋势上看来，所有融资渠道的比较指数 CI 值（com parison ihdex，CI）都在不断地靠拢、密集，并且变动趋势在放缓。这是资金来源结构优化和多元化趋势的表现。

浙江省城镇化建设过程中，国家预算资金 CI 在不断上升，说明国家预算资金的强度在不断增加，尤其是 2008 年，在全球金融风暴的影响下，国家向基础设施建设投入大量资金，导致 CI 值急剧上涨，并且在之后的几年中，一直维持相对较高的 CI 值。说明政府在城镇化建设中投入了大量资金，推动内需。

图 3-2 中显示，在浙江城镇化建设中，国内贷款的 CI 值在逐渐下降，政府向银行等金融机构借入的投入城镇化建设的资金强度在逐渐减弱，这是一个好的表现，说明在城镇化建设过程中，政府有了更多的资金来源，有了更多的渠道来支持新型城镇化建设，是资金来源结构多元化趋势的显现。

从图 3-3 中可以看出，2004~2014 年，浙江省自筹资金总强度系数表现为上升趋势，从原本的 0.75 上升至 1.15。这表明，自筹资金占比在不断增长，政府部门以及事业单位将盈余资金投资到城镇固定资产建设中。

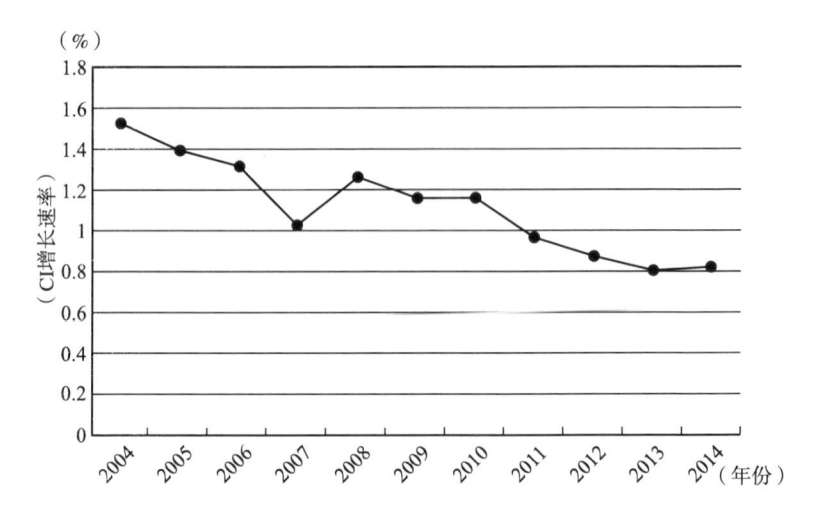

地方性资本在新型城镇化建设中的供给效应：来自浙江省的数据

图 3-2　浙江省国内正规金融机构筹资来源

资料来源：根据表 3-1 绘制。

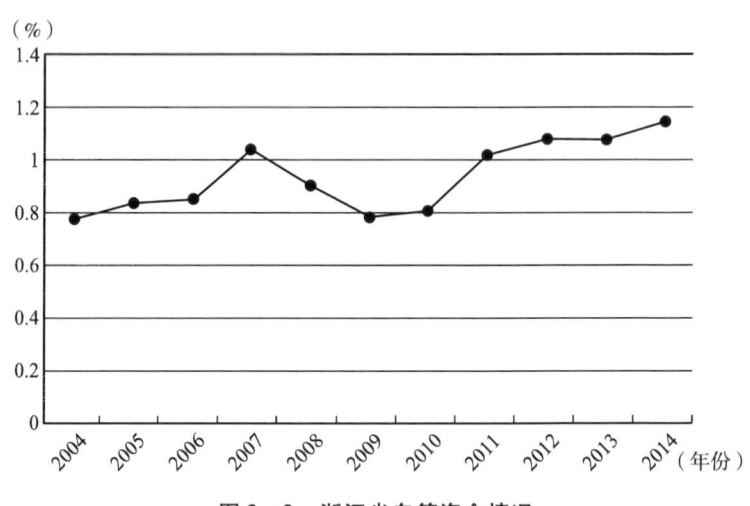

图 3-3　浙江省自筹资金情况

资料来源：根据表 3-1 绘制。

图 3-4 中其他资金，包括社会集资、个人资金、无偿捐赠的资金及其他单位拨入的资金等。这一部分资金权度系数较为平稳，维持在 1 左右，但是在 2010~2014 年有所下降。由于 2015 年政府的支持，PPP 项目的推广，将会使得 2015 年的数据有较大提升。其他资金的获取将会是之后几年政府关于城镇化建设工作的重心，非常有必要进行研究。

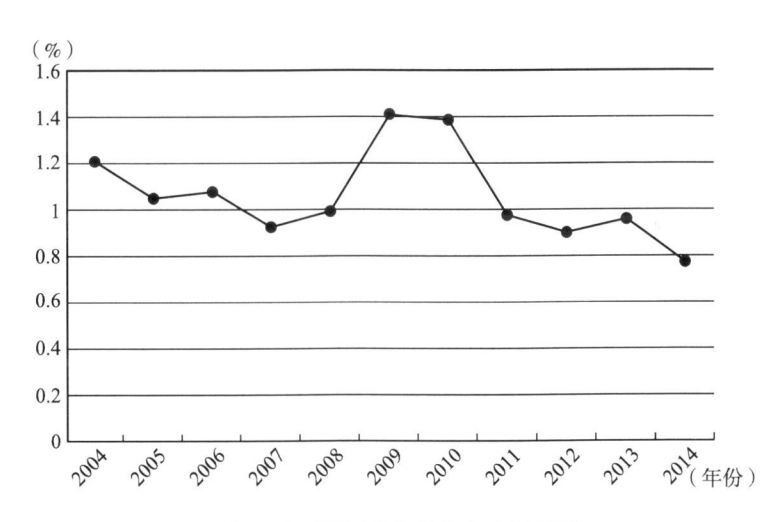

图 3-4 浙江省其他资金来源情况

资料来源：根据表 3-1 绘制。

三、模型与检验

本章主要选取 2004~2014 年浙江省城镇化与城镇资产投资资金来源的相关指标数据进行实证研究，其中，城镇资产投资资金来源主要有国家预算内资金、国内贷款、利用外资、自筹资金、其他资金等。选取的变量为时间序列变量，其区间为

2004～2014年共11年的数据。同时，为了防止直接使用数据可能造成伪回归，先对时间序列数据进行了取自然对数处理，国家预算内资金（X_1）、国内贷款（X_2）、自筹资金（X_3）和其他资金（X_4）分别用 $\ln X_1$、$\ln X_2$、$\ln X_3$、$\ln X_4$ 表示；$\ln Y$ 表示城镇化水平的自然对数。

（一）相关分析

我们研究各自变量之间的相关性。其相关性分析结果，如表3-2所示。

表3-2　　　　　　　　相关性检验

		$\ln X_1$	$\ln X_2$	$\ln X_3$	$\ln X_4$
$\ln X_1$	Pearson 相关性	1	0.984**	0.952**	0.956**
	显著性（双侧）		0.000	0.000	0.000
	N	11	11	11	11
$\ln X_2$	Pearson 相关性	0.984**	1	0.978**	0.966**
	显著性（双侧）	0.000		0.000	0.000
	N	11	11	11	11
$\ln X_3$	Pearson 相关性	0.952**	0.978**	1	0.916**
	显著性（双侧）	0.000	0.000		0.000
	N	11	11	11	11
$\ln X_4$	Pearson 相关性	0.956**	0.966**	0.916**	1
	显著性（双侧）	0.000	0.000	0.000	
	N	11	11	11	11

注：**表示在0.01水平（双侧）上显著相关。

从自变量的相关系数表，我们可以看出：

（1）国家预算内资金与国内贷款、自筹资金及其他资金均有较大的相关系数，其相关系数依次为0.984、0.952、0.956，且在1%的置信水平上通过显著性检验，说明有显著性意义。

（2）自变量国内贷款与自筹资金和其他资金的相关系数也较大，分别为0.978、0.966，且在1%的置信水平上通过显著性检验，说明有显著性意义。其中，自筹资金和其他资金的相关系数为0.916，在1%的置信水平上通过显著性检验。

由相关分析的结果我们可以得出，自变量之间存在多重共线性，为了消除各自变量之间的关系，我们利用主成分分析方法对自变量的数据进行处理。

（二）主成分分析

在实际问题中，各指标之间往往存在多重共线性问题，为了解决此类问题，我们通过选取主成分的分析方法去克服多重共线性。我们利用主成分分析的统计方法将各个变量的复杂关系进行简化的分析方法，是一种通过降维的技术把多个变量化为少数几个主成分的多元统计方法。这些主成分能够反映原始变量的大部分信息，通常用原始变量的线性组合表示，且各个主成分之间互不相关。

本章通过巴特利特球形检验和KMO测度两种方法对变量的相关性进行检验。KMO检验的统计量，用来比较变量间简单相关和偏相关系数。KMO值介于0~1的区间，所有变量间的偏相关系数的平方和，远远小于简单相关系数的平方和时，KMO值趋近于1，KMO值越小，越不适合做主成分分析。其中，KMO>0.9，表示非常适合；0.8<KMO<0.9，表示适合；0.7<KMO<0.8，一般；0.5<KMO<0.7表示不太适合；KMO<0.5，表示不适合。结果如表3-3所示。

表 3-3　　　　　KMO 和 Bartlett 的检验

KMO 和 Bartlett 的检验		
取样足够度的 Kaiser – Meyer – Olkin 度量		0.697
Bartlett 的球形度检验	近似卡方	78.815
	df	10
	Sig.	0.000

根据表 3-3 可知，该相关系数矩阵通过了 Bartlett 检验，KMO 检验的测定值为 0.697 > 0.5，说明实证抽样的指标之间具有一定的相关性，适合进行主成分分析，且每年的巴特利特球形检验都符合主成分分析的要求，适合做主成分分析，可以进行接下来的主成分分析实证研究。

运用 SPSS 20.0 计算相关矩阵 R 的特征值、方差贡献率和累计贡献率，据以确定主成分个数。将原始变量综合成较少的成分，依据初始特征值大于 1，累积方差贡献率越接近于 80%，提取的主成分就越能体现原始数据的信息，更具有现实意义。

结果如表 3-4 所示。

表 3-4　　　　　　　解释的总方差

成分	初始特征值			提取平方和载入		
	合计	方差的%	累积%	合计	方差的%	累积%
1	3.877	77.548	77.548	3.877	77.548	77.548
2	1.034	20.683	98.232	1.034	20.683	98.232
3	0.054	1.072	99.304			
4	0.031	0.614	99.917			
5	0.004	0.083	100.000			

根据表3-4可知，前2个成分的初始特征值为1.034大于1，累积方差贡献率为98.232%，大于85%，因此，能较好地体现原始数据的信息，具有现实意义。

根据主成分的系数矩阵，我们可以得到主成分表达式，其主成分系数矩阵，如表3-5所示。

表3-5　　　　　　　　成分矩阵

变量	成分	
	1	2
$\ln X_1$	0.502	-0.035
$\ln X_2$	0.507	-0.012
$\ln X_3$	0.497	0.142
$\ln X_4$	0.495	-0.117

根据主成分系数矩阵，我们可以得到主成分表达式为式（3-1）和式（3-2）。

$$F_1 = 0.502 \times \ln X_1 + 0.507 \times \ln X_2 + 0.012 \times \ln X_3 \\ + 0.497 \times \ln X_4 + 0.495 \times \ln X_5 \quad (3-1)$$

$$F_2 = -0.035 \times \ln X_1 - 0.012 \times \ln X_2 + 0.982 \times \ln X_3 \\ + 0.142 \times \ln X_4 - 0.117 \times \ln X_5 \quad (3-2)$$

主成分表达式中的各个变量均为标准化变量。

（三）模型构建

根据主成分分析的结果，可以为自变量F_1、F_2构建回归模型，我们利用EViews软件进行分析。

$$\ln Y = D_i \ln F_i \quad (3-3)$$

相关性检验。对时间序列的平稳性进行检验，本章使用

ADF 单位根检验，其检验的原假设为变量是含有单位根的非平稳的时间序列。如果不能拒绝原假设，就认为时间序列是非平稳的。随后，对其进行差分并进行单位根检验，只有 ADF 统计量小于显著性水平下的临界值，才可以拒绝原假设，即认为差分后的变量是平稳的。如果经过同阶差分以后的数据是平稳的，此时仍然可以进行协整检验和其他分析。基于此理论对 $\ln Y$、$\ln F_1$、$\ln F_2$ 进行 ADF 单位根检验，表 3-6 是分别对全部变量的原始序列以及差分平稳性检验的结果。

表 3-6　　　　　　　ADF 检验结果

变量	t-statistic	P 值	是否平稳
$\ln Y$	-0.738	0.7921	不平稳
$\ln F_1$	-0.28	0.89	不平稳
$\ln F_2$	-3.03	0.06	平稳
$D\ln Y$	-3.69	0.027	平稳
$D\ln F_1$	-6.91	0.000	平稳
$D\ln F_2$	-3.48	0.03	平稳

表 3-6 的 ADF 单位根检验结果显示，各变量均是一阶同整。下面，我们将对元序列进行协整检验。

(四) 协整检验

恩格尔和格兰杰的协整理论认为，两个非平稳时间序列的线性组合可能是平稳的，如果存在这种线性组合，就认为时间序列是存在协整关系，也就是长期的平稳关系。本章第二节已经验证了 lnY 与 lnF$_1$、lnF$_2$ 是一阶单整的,满足同阶单整的时间序列前提,所以协整关系便可以建立。首先,利用最小二乘法(OLS)对时间序列进行回归,得到回归方程的残差项,然后,对残差进行平稳性检验,仍然采用 ADF 单位根检验法。以 lnY 为被解释变量,分别以 lnF$_1$、lnF$_2$ 为解释变量,得到的协整方程如表 3-7 所示。

表 3-7 协整检验结果

Variable	Coefficient	Std. Error	t – Statistic	Prob.
C	9.18E–07	0.078745	1.17E–05	1.0000
F$_1$	0.972291	0.082589	11.77269	0.0000
F$_2$	0.009289	0.082589	0.112478	0.9132
R – squared	0.945433	Mean dependent var		9.09E–07
Adjusted R – squared	0.931791	S. D. dependent var		1.000002
S. E. of regression	0.261169	Akaike info criterion		0.379699
Sum squared resid	0.545672	Schwarz criterion		0.488216
Log likelihood	0.911653	Hannan – Quinn criter.		0.311295
F – statistic	69.30444	Durbin – Watson stat		2.519879
Prob(F – statistic)	0.000009			

根据表 3-7 的回归结果可以看出,在 10% 的置信水平下,常数项和 F$_2$ 未通过显著性检验,表明对因变量没有显著性影响。为此,我们剔除不显著的变量再次进行回归,可以得到显著性检验,见表 3-8。

表3-8 显著性检验

Variable	Coefficient	Std. Error	t – Statistic	Prob.
F_1	0.972291	0.073928	13.15187	0.0000
R – squared	0.945347	Mean dependent var		9.09E – 07
Adjusted R – squared	0.945347	S. D. dependent var		1.000002
S. E. of regression	0.233781	Akaike info criterion		0.017643
Sum squared resid	0.546535	Schwarz criterion		0.053816
Log likelihood	0.902962	Hannan – Quinn criter.		–0.005158
Durbin – Watson stat	2.513346			

从表3-8中我们可以看出，F_1的回归系数为0.97，对应的p值为0.00，有显著性意义。则我们可以得到下面的模型表达式为：

$$\ln Y = 0.97 \times F_1 \quad (3-4)$$

将F_1的表达式代入上述方程中，我们可以得到：

$$\ln Y = 0.486 \times \ln X_1 + 0.491 \times \ln X_2 + 0.011 \times \ln X_3 \\ + 0.48 \times \ln X_4 + 0.48 \times \ln X_5 \quad (3-5)$$

对式（4-5）进行残差检验，得到表3-9。

表3-9 残差检验

		t – Statistic	Prob.*
Augmented Dickey – Fuller test statistic		–3.788576	0.0211
Test critical values:	1% level	–4.297073	
	5% level	–3.212696	
	10% level	–2.747676	

根据残差序列对模型进行检验，可以得到：从残差序列的单位根检验可以看出，p值为0.02＜0.05，通过显著性检验，表明模型有意义。

（五）结果分析

从上述回归方程可以看出，浙江省的城镇化水平与各类城镇投资的资金来源均呈现出正相关的关系。其中，贡献率国内贷款最大。R^2 为 0.9453，模型拟合效果较好。

政府现有外源融资渠道只能够满足部分项目资金需要，它们并没有提供一种城镇化建设的长效融资模式。探索新型融资模式，也成为新型城镇化过程中必须要考虑的关键。本章设计的地方性城镇化建设中的融资体系，包括地方财政支出、地方性债务融资、民间借贷、金融机构贷款（含中小银行、大型商业银行、金融新公司和其他金融机构的创新供给等）、资产证券化和私募基金等八种可能出现的融资途径。融资借贷、金融机构贷款、资产证券化和私募基金等方式可以通过公私合营（public-private partnership，PPP）融资模式解决。

第四节 PPP 模式开展对于融资模型的影响

一、PPP 模式转变政府角色

民间资本参与新型城镇化基础设施建设，对于已经负债累累的地方政府，PPP 模式可以解决政府旧债，通过民间资本的合理参与，缓解政府债务危机，同时，还能够对项目提供充分的维护修缮资金，更好地为公众提供服务。PPP 模式使用民间资本也能解决政策发挥失常的决定性作用，帮助政府转变职能，转变政府在项目开展中的角色，从服务提供者转变为监管者的角色，主要负责项目监管及项目的公布，由民间资本来负责项目的执行。通过在项目中引入民间资本，并给予他们充分的经营决策权和收益分配权，能够有效地提高资源的使用效能和建设、运营效率。

二、PPP模式盘活民间资本

近年来，民间资本在迅速积累，个人和私营企业的资金得到增加。然而，庞大民间资本在国内的投资渠道并不丰富，民间资本没有实现应有的增值水平，大部分民间资本处于休眠状态，大量的资金亟待探寻好的投资方式。对于民间资本，参与PPP项目的吸引力主要来自：一是可以借此机会参与到原来由政府垄断的那些高、精、尖的基础设施建设项目，获得相对稳定可靠的投资渠道；二是这些政府垄断性强的基建项目正在由政府主导向民间资本放开，能够抢占先机，就可以在技术、经验等方面先人一步，在未来的竞争中处于强势地位；三是PPP项目中民间资本通过同政府签订协议或契约关系，事先约定好双方的权利和义务，进行角色分工定位，市场的边界在扩大，而政府的边界在缩小。这样，可以规范政府的行为，减少不恰当的干预，确保项目投资的效率和私人收益的最大化。

三、PPP模式促进金融机构创新改革

（一）政策性银行参与PPP项目的方式

政策性银行参与PPP项目，可以发挥中长期融资优势，为项目提供投资、贷款、债券、租赁、证券等综合金融服务，并联合其他银行、保险公司等金融机构以银团贷款、委托贷款等

方式，拓宽PPP项目的融资渠道。政策性银行还可以提供规划咨询、融资顾问、财务顾问等服务，提前介入并主动帮助各地做好建设项目策划、融资方案设计、融资风险控制、社会资本引荐等工作，提高PPP项目的运作效率。

（二）商业银行参与PPP项目的方式

商业银行是PPP项目最重要的资金提供方，可以通过资金融通、投资银行、现金管理、项目咨询服务、夹层融资等方式参与PPP项目。

1. 资金融通

在PPP项目设计、建设、运营的过程中，商业银行在对PPP项目或实施主体的资信状况、现金流、征信措施等进行审核的基础上，为项目公司提供资金融通服务。

2. 投资银行业务

商业银行可以依托强大的销售能力参与PPP项目公司中的短期融资票据、非定向债务融资工具（private placement note，PPN）①等融资工具的承销发行，还可以通过理财直接融资工具直接涉及PPP项目融资，这既能实现资产负债表外融资的目的，又能开发具有一定流动性、可市场估值、信息披露更加透明的金融工具，降低非标债权投资比率，或者利用产业基金、信托、资产管理、租赁等渠道，实现表内投资或表外理财资金对接PPP项目公司的融资需求。

3. 现金管理

PPP项目运营时间长、资金流量大，商业银行可以在现金

---

① PPN（private placement note）为非定向债务融资工具，是指具有法人资格的非金融企业，向银行间市场特定机构发行债务融资工具，并在特定机构投资人范围内流通转让的行为。

管理方面充分介入，为客户提供全方位服务。对日常运营资金的管理，为提高闲置资金收益，还可以提供协定存款、企业定制理财产品等服务。

4. 项目咨询服务

PPP项目涉及政府、社会资本、承包商等多个法律主体，PPP合同规范了项目设计、建设、运营、维护基础设施的过程，并明确规定了项目收益的分配、服务价格的制定和可能存在的政府补贴。商业银行可以凭借金融、会计、法律等方面的专业优势，为PPP项目参与方合同订立、现金流评估和项目运营等提供咨询服务。

5. 夹层融资

商业银行还可以积极探索项目夹层融资。夹层融资的风险和回报介于普通债务和股权融资之间，融资结构可根据不同项目的融资需求进行调整。对于融资者而言，夹层融资具有期限长、结构灵活、限制少和成本低等优点，对于投资者而言，夹层融资能够兼顾项目的安全性和收益性。

（三）保险公司参与PPP项目的方式

项目公司以及项目的社会资本方、融资方、承包商和分包商、原料供应商、专业运营商都有通过保险降低自身风险的需求。保险公司可以开发信用险种为PPP项目的履约风险和运营风险承保，增加PPP项目结构设计的灵活性，降低和转移PPP项目参与方的风险。

从保险资金的运用来看，险资具有长期性，有助于缓解资产负债错配的问题，因此险资可以通过专项债权计划或股权计划为大型PPP项目提供融资。

(四) 证券公司参与 PPP 项目的方式

证券公司可以为 PPP 项目公司提供 IPO 保荐、并购融资、财务顾问、债券承销等投资银行业务，也可以通过资产证券化、资产管理计划、另类投资等方式介入。

1. 资产证券化

具有未来稳定现金流的资产就可能被证券化，基础设施类的 PPP 项目是良好的证券化基础资产，对有稳定现金流的 PPP 项目进行证券化，运用现金流分层等结构性金融技术，发行不同期限和信用等级的资产支持证券，为 PPP 项目融资。

2. 项目收益债券

项目收益债券是与特定项目相联系的，债券募集资金用于特定项目的投资与建设，债券的本息偿还资金完全或基本来源于项目建成后债券运营的收益。

第五节　小　　结

投融资模式是推进城镇化发展的重要因素。在新形势下，新型城镇化的投融资模式必将更贴近实际发展的模式。PPP 融资模式很好地将资金和实际建设结合起来。政府与民间资本合作，这些民间资本主要从事建设行业以及管理行业。更加高效地使用资金，专项专职建设，使得资金方向性更加明确，更加透明。

本章以浙江省为例，对浙江省新型城镇化融资方面进行了研究。采用浙江省 2004～2014 年城镇固定资产投资的相关数据资料，以及 B. 巴拉萨（B. Balassa）的比较优势法，对浙江省不同资金来源数量多寡的相对强度进行指数化测度，分析资金强度变化趋势。基于主成分分析探讨通过不同融资渠道筹集的资金与城镇化之间存在的联系。

在此基础上,本章得出以下结论:

第一,研究显示从 2004~2014 年的数据处理分析所得到的模型中可以明白地看出,通过国内贷款筹集的资金对城镇化建设的影响较大,外资对国内城镇化贡献较少。而国家预算、自筹资金和其他资金,对城镇化率的贡献基本相似。

第二,从 B. 巴拉萨(B. Balassa)的比较优势法得到 2004~2014 年,四种资金的强度变化。从四种资金的曲线中可以发现,不同资金的权重在向 1 靠拢,这是资金来源结构优化、多元化趋势的显现。

第三,PPP 融资模式能够融合大部分民间资本和金融资本,为项目的开展提供资金、技术、管理等方面的支持。帮助政府更好地开展新型城镇化建设,使得新城城镇化建设的资金分布贡献率模型优化,资金的使用效率提高。

政策建议:首先,制定法律、法规。规范地方政府的融资运作,使得城镇化建设投资渠道的运作更加规范,为参与方提供法律保障。其次,浙江省政府需要积极地开展 PPP 融资模式的推进,明确政策。PPP 项目需要财政、税收、金融等多方面的政策支持,对于采用 PPP 模式的项目应当给予相应的优惠政策,以吸引更多私营部门资金投入基础设施项目。最后,降低 PPP 项目资金进入的门槛,使得民间资本和金融机构更加积极、快速地投入新型城镇化建设中去,并且完善民间资本的退出机制,积极完善 PPP 项目库,为民间资本提供保障。更深层次,政府必须转变思路,从事必躬行的观念转变为项目外包的思路,将项目通过 PPP 项目的方式,交给专业从事的人员进行开发管理,从而达到绩效最优。

第四章

差异性资本结构的配置边界研究：基于修正的马科维茨均值方差模型

第一节 文献回顾与评述

一、引言

马科维茨均值方差模型的三个要素中，资产配置无论在长期投资和短期投资中都起着极其重要的作用。当市场经历波动，优秀的投资配比会对冲风险，保证投资组合的收益率。在做证券投资的资产配置过程中，需要清楚投资者自身能够承受的风险区间和收益目标，再权衡自身的风险偏好，根据不同的消费者类别，选择不同性质的资产配置方案。在此基础上，投资配比的证券组合可以使所投资的组合更加稳健，同时有效地降低风险。

如前所述，资产配置的核心思想是："在高风险高收益股票和低风险低收益股票之间达成的一种平衡"。而对于风险厌恶者，更倾向于把鸡蛋放到更多的篮子里。在此研究主体下，马科维茨的理论认为，分散化投资为目的的资产配置可能在尽可能少地降低收益率、尽可能小的风险状况的情况下实现，并能够通过理论模型求出边际及在要求下的最适风险—收益点。

马科维兹提出这一"均值－方差组合模型"以资产组合中个别股票收益率的均值和方差找出投资组合的有效边界，即一定收益率水平下方差最小的投资组合，并导出投资者只在有效边界上选择投资组合。根据马科维兹资产组合的概念，欲使投资组合风险最小，除了多样化投资于不同的股票之外，还应挑选相关系数较低的股票。

因此，我们导出了本章的重点，在基于马科维兹模型下，不只隐含将资金分散投资于不同种类的股票，还隐含着应当将资金投资于不同产业的股票。同时，由马科维兹模型提供的确定有效边界的技术路径的规范性数理计算过程来分析选定不同行业的不同股票组成的配比组合，帮助各个风险偏好层面尤其是风险厌恶者的投资决策。

同时，在足够大的样本分析结果中，我们可以通过整合分析得出股票背后所对应行业的发展状况，结合样本期内宏观经济情态，分析最适股票配置的含有品类背后所昭示出的行业过去的发展情况，更能一窥未来的发展前景。综合这些主要行业，更能佐证国家过去产业发展的政策和最终收效水平。

二、文献回顾与评述

(一) 外文文献

自马科维茨均值方差模型理论提出后,资产组合在投资实务中的研究更具有重要意义。学者们在这方面付出了大量心血进行检验探索工作。如当确定了一个投资组合样本,一般来说,研究者们会将资产配置组合的检验的有效性问题转化为资产定价模型检验的有效性,用以检验资产定价模型的有效性,并以检验夏普-李特宁资本资产定价模型(Sharpe - Lintner CAPM)的方式展开,在传统统计学的假设检验框架下,在某一显著性水平下接受或拒绝投资组合的有效性。吉本斯(Gibbons)第一步在多元统计框架的背景下检验资产组合的有效性。而在配比无风险资产的状况下,吉本斯、罗斯和希肯(Gibbons, Ross and Shanken, 1989)发明了可以使用的检验方法,大大克服了资产配置组合内有效性精确检验的问题。在不存在无风险资产的状况下,周(Zhou, 1991)使用特征值检验法来检验资产配置组合的有效性。哈维和周(Harvey, Zhou)使用贝叶斯推断来检验投资组合的有效性。

金融数学学科的出现与成熟,让现代金融理论大踏步、里程碑式地迈入了定量分析的新阶段,而若期望就资产配置进行定量分析,就需要对整个配置组合进行数学建模。理查德·肯姆贝尔、罗纳德·惠斯姆和克丝·肯克(Rachel Campbell, Ronald Huisman and Kees Koedijk, 2001)在均值-方差模型框架下创新性地使用极大极小法,在此基础上提出一个非常具有现实意义和理论意义的投资组合选择模型。派克·吉普特、库玛·迈赫拉瓦特和阿纳德·赛泽纳（Pankaj Gupta, Kumar Mehlawat and Anand Saxena, 2008）利用另一种模糊数学规划提出了一个投资组合优化模型，他们将均值—方差投资组合模型演变为半绝对离差投资组合模型，并应用多准则决策的模糊数学规划，为投资组合追求者谋取或积极或保守的策略，根据他们的偏好提供综合投资组合优化模型。福雷特斯、搜泽和艾尔梅德（Freitas, Souza and Almeida, 2009）则用神经网络预测投资组合的收益率，提出投资组合优化模型，并进行了实证分析证明有效。阿纳雷·托普雷斯和迈耐尼斯（Anagnostopouios, Mamanis, 2010）则创立了一个带有三个目标和离散变量的动态投资组合优化模型，该模型目标在风险、收益和证券数量之间获取最优平衡。

（二）中文文献

在资本市场上，证券投资组合理论作为投资者进行任何投资标的的投资选择时都需要清楚了解的重要理论，所以更加清晰深入地研究投资组合的核心内涵和方法论对于任何群体都显得至关重要。张立山和张晓红（2002）用线性规划单纯形法解决证券投资组合的优化问题。万中（2003）构造了外点惩罚函数，采用 Frank – Wolf 算法谋求解决证券投资组合的优化问题。然而，当证券的数量和类别随着经济发展和公司形态升级日益增多，当线性规划模型中的决策变量数目不增加时，也意味着增加了大量计算，想要求得最优资产配置比例难度随之加大。

徐绪松和陈彦斌（2002）用模拟退却法求解基于绝对离差的证券投资组合模型。杨利和李玉娟（2005）提出了一种经过改进的模拟退火法，应用惩罚函数法将马科维茨（Markowitz）均值—方差模型转换为没有约束条件的优化命题，并将经典的

第四章 差异性资本结构的配置边界研究：基于修正的马科维茨均值方差模型

模拟退火法的核心步骤和重要参数进行修正，解决了模拟退火法初始温度和解的产生机制问题，达到了速度和精度的平衡，提高了该算法的效率。由于在数理理论上，最小迭代次数是无法确定的，因此计算效率不高。秦川棋、王亭和金元峰（2015）提出利用MATLAB算法进行相关演算，克服低计算效率的问题。

王键和屠新曙（2000）在马科维茨均值方差模型的核心概念上提出用几何方法求解投资组合的最优配比，如此做可以分别得到预期收益和预期风险条件下投资组合中个股的最优配比，所以在现实生活中具有应用意义。张波、陈睿君和路璐（2007）提出，用粒子群算法求解投资组合最优配比，并在以VAR为基础的投资组合模型中对该方法进行了实际检验，检验结果显示这一检验方法能够有效地得出需要的投资组合最优配比权重。

考虑市场具有摩擦的情况下，刘明和高岩（2006）基于绝对偏差，构造了一个均值—绝对离差的投资组合模型。这一模型是经典马科维茨模型的优化。陈国华、陈收、房勇和汪寿阳（2009）通过模糊约束来简化方差约束，并借此提出了证券投资组合的模糊线性规划模型，并在最后通过具体实例检验了该模型具有切实的可行性。

在现实世界的投资决策过程中，所有的讯息和指数瞬息万变，投资者的决策一定是基于动态而非静态的外部环境下。因此，为更好地服务现实操作，动态投资组合研究必须纳入考虑范畴。王秀国和邱苑华（2005）在经典马科维茨均值——方差模型的核心概念上，基于下方风险控制研究的投资组合问题，构建出一个具有动态的投资组合模型。史宇峰和张世英（2008）基于时变相关系数构建了一个动态投资组合模型，并且进一步获得了该模型的解析解，在此基础上进行了实证检验，检验结果也说明了该模型适用于现实的投资操作，对控制投资组合的风险具有理论意义和现实意义。

第二节　修正的马科维茨均值方差模型

（一）基本假设

为了使投资者能够在有效边界上选定青睐的投资选择，并提供选定这样的投资组合的手段，马科维茨均值方差模型是作为技术数据分析手段的有效工具。然而，这一模型的成立需要若干作为前提的假设，主要假设如下。

假设一：市场有效，投资选择或资产的价格能够客观正确地体现其真实的经济价值。

假设二：投资者在投资选择上单纯考虑投资的期望收益率（用以衡量预期收益率的总体水平）和收益率方差（用以衡量获得收益率的不确定性）。

假设三：投资者都是理性人，是不满足于当下收益且会尽可能逃避风险的，也就是说，投资者会追求期望收益率更高，而方差更小的投资组合。

假设四：各个投资组合的期望收益率存在或大或小的相关性，而之间的相关程度可以用收益率之间的协方差或者相关系数来度量。

假设五：投资者可以选择用任意比例投资项目。

(二) 基本概念

1. 收益

一个证券组合的收益即是所含证券的预期收益率的加权平均,以构成比例为权重,每一项证券对组合的预期收益率贡献依赖于它的预期收益率,以及它在组合初始价值中所占份额,包括简单的最近时期内收益率的样本均值。

$$\sum_{i=1}^{n} w_i E(r_i) = E(r_p) \qquad (4-1)$$

2. 风险

假若持有某个证券组合存在带来损失的可能,则被认为具有风险。风险作为收到良好收益率同时需要考虑到的"坏"情况,用来进行风险测度,所以,我们需要以某种方式考虑各种可能的"坏"结果的概率以及相关量值,取代测度大量不同可能结果的概率,风险测度将以某种方式估计实际结果和预期结果之间可能的偏离程度,方差就是这样一个测度。

在证券投资中,实际收益率与预期收益率的偏差越大,投资于该证券组合的风险也就越大,因此对证券组合的风险研究通常用方差的概念来表示。一个证券(组合)在一段时期的方差是未来收益可能值对期望收益率的偏离的平方的加权平均,权数是相应的可能值的概率,即:

$$\sigma_p^2 = \sum_{i=1}^{n} \sum_{j=1}^{n} w_i w_j \sigma_{ij} \qquad (4-2)$$

3. 协方差

协方差是两个随机变量相互关系的一种统计测度,即它测度两个随机变量如证券 A 和证券 B 的收益率之间的互动性。

$$\sigma_{AB} = cov(r_A, r_B) = E(r_A - E(r_A))(r_B - E(r_B)) \qquad (4-3)$$

协方差为正则表明，证券的回报率倾向于向同一方向变动。例如，一个证券高于预期收益率的情形，很可能伴随着另一种证券高于预期收益率的情形。一个负的协方差则表明，证券与另一个证券相背变动的倾向。例如，一种证券高于预期收益率的情形，很可能伴随着另一种证券低于预期收益率的情形。一个相对小的或者0值的协方差则表明，两种证券之间只有很小的互动关系或没有任何互动关系。

协方差矩阵概括了实际收益率对期望收益率的偏离及独立证券收益率之间的相关性，其绝对数依赖于各个证券收益率与本身期望收益率的偏离程度，不同证券之间的协方差是不可比的，所以，协方差的绝对数并不能反映证券间存在什么关系，只能从协方差的符号上获得关于两种证券是正协同变化还是反向协同变化。

$$\sigma_p^2 = \sum_{i=1}^{n}\sum_{j=1}^{n} w_i w_j \sigma_{ij} = w'Qw$$

$$Q = \begin{pmatrix} \sigma_{11} & \sigma_{12} & \cdots & \sigma_{1N-1} & \sigma_{1N} \\ \sigma_{21} & \sigma_{22} & \cdots & & \sigma_{2N-1} \\ \vdots & \vdots & \ddots & & \vdots \\ \vdots & \vdots & & & \vdots \\ \sigma_{N1} & \sigma_{N-12} & \cdots & \sigma_{NN-1} & \sigma_{NN} \end{pmatrix} \quad (4-4)$$

（三）修正的模型概念

1. 修正马科维茨均值方差模型

风险投资有效边界考虑所有证券都是风险证券的情况。假设可交易证券存在一个非奇异的协方差矩阵，该假设排除了存在多余证券的情况。

从理性投资角度，投资者面临两项资产的时候，同样的收益,选择风险小的品种;同样的风险,选择收益率高的品种。根据上述双曲线图形,理性投资者不会选择最小方差组合下面的点作为自己的投资,因为同样的风险可以找到收益率更高水平的点。所以作为理性投资者,在面临诸多风险资产背景下,通过不断优化自身的投资组合,即提高收益率,降低风险,最后达到极致情况,也就是在风险一定的情况下,收益率最大,或者说是在收益率一定情况下,风险最低。此为有效边界。

2. 模型定义式

$$\min \frac{1}{2}\sigma_\rho^2 = \frac{1}{2}x^2 Vx \quad (4-5)$$

$$\text{s. t.} \quad x^t e - \bar{r}, \ x^t I - 1 \quad (4-6)$$

其中:x——资本组成的比例,$x = [x_1, x_2, \cdots, x_n]^T$;

V——资本的协方差矩阵,$V = [\sigma_{ij}]_{n \times n} = [\rho_{ij}, \sigma_i, \sigma_j]_{n \times n}$,假设 V 正定;

E——n 种资本方式的收益率向量;$e = [E_1, E_2, \cdots, E_n]^T$

r——投资组合预期收益率;

I——$I = [1, 1, \cdots, 1]^T$。

该模型基本式是一个二次规划,第一个限制条件要求股票投资组合有特定的预期收益,第二个限制条件要求所有股票的投资比例和为 1。本书采用拉格朗日乘子法求此最小值问题。

构造拉格朗日函数为:

$$L(X, \lambda_1, \lambda_2) = \frac{1}{2}X^t VX - \lambda_1(X^t e - E_p) - \lambda_2(X^t I - 1) \quad (4-7)$$

分别对 X,λ_1,λ_2 求偏导数,并分别令其为 0:

$$\frac{\partial L}{\partial X} = VX - \lambda_1 e - \lambda_2 I = 0$$

$$\frac{\partial L}{\partial \lambda_1} = X^1 e - E_p = 0$$

$$\frac{\partial L}{\partial \lambda_2} = X^1 I - 1 = 0$$

写成矩阵形式为：

$$\begin{bmatrix} V & e & I \\ e^1 & 0 & 0 \\ I^1 & 0 & 0 \end{bmatrix} \begin{bmatrix} X \\ \lambda_1 \\ \lambda_2 \end{bmatrix} = \begin{bmatrix} 0 \\ E_p \\ 1 \end{bmatrix} \quad (4-8)$$

定义一个 2×2 的矩阵 A：

$$A = \begin{bmatrix} e^1 V^{-1} e & I^1 V^{-1} e \\ I^1 V^{-1} e & IV^{-2} I \end{bmatrix} = \begin{bmatrix} b & a \\ a & c \end{bmatrix} \quad (4-9)$$

则最优策略为：

$$X = V^{-1} [e \quad I] A^{-1} \begin{bmatrix} E_p \\ 1 \end{bmatrix} \quad (4-10)$$

由式（4-10）可以看出，当投资组合的预期收益发生变化时，在最小方差的意义下，最优策略也会发生相应的变化。在马科维茨模型中，我们最感兴趣的是投资组合的预期收益和预期风险的函数关系，即有效边界曲线的表达式。下面，我们将最优策略带入目标函数，求得 $E_p - \sigma_p^2$ 的函数关系式：

$$\sigma_p^2 = X^1 V X [E_p \quad 1] A^{-1} \begin{bmatrix} E_p \\ 1 \end{bmatrix} \quad (4-11)$$

写成函数关系式，即为：

$$\sigma_p^2 = \frac{cE_p^2 - 2aE_p + b}{bc - a^2} \quad (4-12)$$

从式（4-12）可以看出，有效边界曲线是一条抛物线，它反映了投资组合的预期收益与风险之间的关系。通过具体的数据求出 a，b，c，则可以得到具体的有效边界表达式。

得到有效边界的具体表达式之后，可以进一步研究有效曲线上某些特定组合。对于稳健性投资者来说，最感兴趣的便是在所有投资组合中方差最小的组合。为求得此投资组合，我们可以将风险关于投资组合预期收益求偏导，并令其为0：

$$\frac{\partial \sigma_p^2}{\partial E_p} = \frac{2cE_p - 2a}{bc - a^2} = 0 \qquad (4-13)$$

得到：

$$E_p = \frac{a}{c} \qquad (4-14)$$

代入最优策略表达式，得到最小方差策略为：

$$X_0 = V^{-1} [e \quad I] A^{-1} \begin{bmatrix} \dfrac{a}{c} \\ 1 \end{bmatrix} = \frac{1}{c} V^{-1} I \qquad (4-15)$$

此时，对应的风险为：

$$\sigma_p^2 = \frac{c \dfrac{a^2}{c} - 2a \dfrac{a}{c} + b}{bc - a^2} = \frac{1}{c} \qquad (4-16)$$

第三节 基于修正的马科维茨模型的实证分析

一、样本选取

为了更好地反映并能够分析浙江省新型城镇化建设的资金来源，本章选取2004~2014年的数据，从地方政府资金来源与民间资金供给两方面，地方财政支出、民间借贷、大型商业银行贷款、地方性中小银行贷款、金融性金融公司、其他金融创新、资产证券化等七个类型的资金结构情况进行分类测算。

二、预期各类资金收益率和标准差

在基础数据上进一步计算,处理各类资金收益率数据的时候使用对数形式,因为按照数学逻辑推导,在价格序列变动性很小的情况下,这两个收益率的结果是近似相等的,根据极限定理,当 r 无穷小时,两者基本无差别。另外,对于使用 "ln" 处理,一方面,使得数据更加平滑,克服数据本身的异方差;同时,"ln" 处理能够达到价格上涨下跌的对称性,即数据的对称性。另一方面,还要讲到"ln"的后续处理可以得到一些有用数据,包括差分后的增长。所以,在 Excel 中进行初步运算时,键入:

$$r_i = \ln\left(\frac{P_t}{P_{t-1}}\right)$$

可以得出这八大类资金 2003~2014 年的年收益率。

假如我们有 N 个资金来源在 M 期上的收益数据,我们可以将资产 i 在时期 t 的收益写为 r_{it},则资产 i 的平均收益写为:

$$\bar{r}_i = \frac{1}{M}\sum_{t=1}^{M} r_{it}, \quad i=1,\cdots,N \qquad (4-17)$$

根据已经测算出的预期收益率,我们可以通过标准差公式得出收益率标准差。

$$\sigma = \sqrt{\frac{\sum_{i=1}^{n}(x_i - \bar{x})^2}{n}}$$

从而可以获得八类资金的预期收益率及收益率标准差,见

式 (4-18)。

三、协方差矩阵计算

延续上一步测算，资产 i 和资产 j 收益协方差的计算为：

$$\sigma_{ij} = Cov(i, j) = \frac{1}{M-1} \sum_{t=1}^{M} (r_{it} - \bar{r}_i) * (r_{jt} - \bar{r}_j),$$
$$i, j = 1, \cdots, N \qquad (4-19)$$

这些协方差的矩阵（当然包括 i=j 时的方差），为样本方差—协方差矩阵。我们的问题就是要有效地计算这些协方差，定义超额收益矩阵为：

$$A = 超额收益矩阵 = \begin{bmatrix} r_{11} - \bar{r}_1 & \cdots & r_{N1} - \bar{r}_N \\ r_{12} - \bar{r}_1 & \cdots & r_{N2} - \bar{r}_N \\ \vdots & \cdots & \vdots \\ r_{1M} - \bar{r}_1 & \cdots & r_{NM} - \bar{r}_N \end{bmatrix} \qquad (4-19)$$

式 (4-19) 的每一列减去每项资产的平均收益。该矩阵的转置为：

$$A^T = \begin{bmatrix} r_{11} - \bar{r}_1 & r_{12} - \bar{r}_1 & \cdots & \cdots & r_{1M} - \bar{r}_1 \\ r_{N1} - \bar{r}_N & r_{N2} - \bar{r}_N & \cdots & \cdots & r_{NM} - \bar{r}_N \end{bmatrix}$$

A^T 乘以 A 再除以 M-1 得到样本方差—协方差矩阵：

$$S = [\sigma_{ij}] = \frac{A^T * A}{M-1}$$

经过计算，可以得到协方差矩阵部分（*0.0001）如下：（112×112）

$$\begin{bmatrix} 16.15 & -1.265 & -0.7378 & \cdots & 0.8646 \\ -1.265 & 17.94 & \cdots & \cdots & \cdots \\ -0.7378 & \cdots & \cdots & \cdots & \cdots \\ \cdots & \cdots & \cdots & \cdots & \cdots \\ \cdots & \cdots & \cdots & \cdots & -1.883 \\ \cdots & \cdots & \cdots & 30.08 & -1.561 \\ -0.8646 & \cdots & -1.883 & -1.561 & 42.47 \end{bmatrix}$$

(4-20)

四、MATLAB 编程计算

如上计算所得为精确解，但是对于百余只股票在 1 年多的时间跨度下数据计算量过大，所以依据马科维茨投资组合模型带约束的二次优化，在 MATLAB 中，通过 Frontcon 函数求解。

Frontcon 函数的计算公式为：

$$\begin{cases} \min \sigma_p^2 = X^T \sum X \\ \max E(r_p) = X^T R \\ s.t. \sum_{i=1}^{n} X_i = 1 \end{cases} \Rightarrow \begin{cases} \min \sigma_p^2 = X^{T\sum X} \\ s.t. \begin{cases} X^T R = L_i \\ \sum_{i=1}^{n} X_i = 1 \end{cases} \end{cases}$$

（投资组合风险 risk，投资组合预期收益 profit，投资组合权重 wit）= frontcon（投资组合预期收益率 eprofit，投资组合的协方差矩阵 ecov）

在权重不确定的情况下，通过 Matlab 运算得到最佳的投资配置，计算最小风险的组合，从而得出最优解权重。

相应的 MATLAB 代码为：

[eprofit] = xlsread（'data'，2，'B306:DI306'）； % 收益率矩阵

第四章 差异性资本结构的配置边界研究：基于修正的马科维茨均值方差模型

[ecov] = xlsread('data',2,'B308:DI419');   %协方差矩阵

wit = ones(1,112)/112;   %权重初值

NumPort = 30;

[risk,profit,wit] = frontcon(eprofit,ecov,NumPort);

plot(risk,profit)

grid on

完整数据导出至 Excel，MATLAB 软件处理后呈现最优曲线，见图4-1：

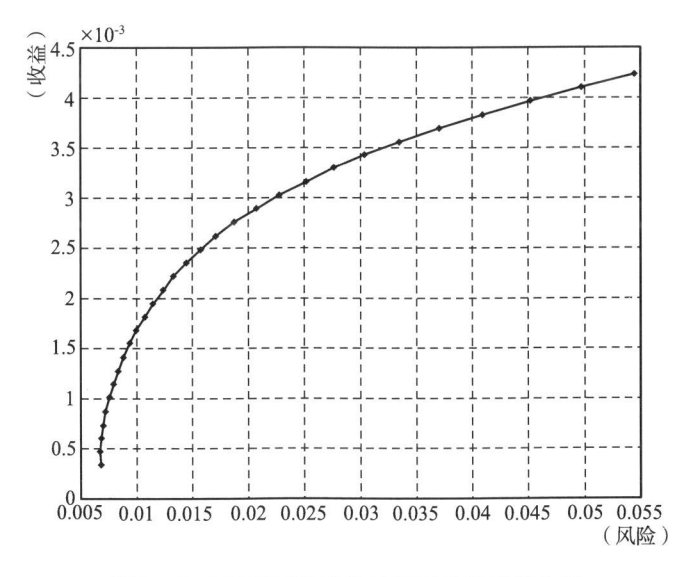

图4-1　MATLAB 软件处理后呈现最优曲线

我们需要找到最优资源配置方案，按照马科维茨组合理论，基于这八大资金来源的收益率分布及风险情况，运用非线

性规划知识，可以求解这些自给来源的最优配置方案，在此情况下，能够实现整个资金来源组合下在同等收益水平下承受最小风险，或是在同等风险下获得的最大收益。

我们需要找到最优资源配置方案。按照马科维茨组合理论，基于这些股票的收益率分布及风险情况，运用非线性规划知识，可以求解这些股票的最优配置方案。在此情况下，能够实现整个股票组合下在同等收益水平下承受最小的风险，或是在同等风险下获得最大的收益。

第四节 小 结

根据整理所得表4-1中的收益风险比，我们可以得出最优投资组合方案，这个投资组合方案的风险为1.153%，预期收益率为0.1945%.

根据配比情况做直观饼状图，见图4-2。

同时，在最后得出的28只股票组成的资产配比后，我们发现：

样本中行业股票全部持有的有，电力、化工、造纸。

样本中行业股票全部不持有的有，煤炭、石油、钢铁、建材、化纤、日用化工、食品、酿酒、家用电器、酒店餐饮、医疗保险、航空、船舶、运输设备、电气设备、电信运营、水务、环境保护、仓储物流、证券、保险、多元金融、房地产、电脑设备、通信设备、半导体、元器件、软件服务、互联网。

样本中行业股票持有率低于1%的有，娱乐传媒、旅游、家居用品。

综上行业梳理，我们可以初步得出2015年至今的几点

第四章 差异性资本结构的配置边界研究：基于修正的马科维茨均值方差模型

结论：

（1）国家新能源战略明确，不可再生能源（煤炭、石油）发展受到约束，可再生能源（电力）则表现优良。

（2）居民消费水平呈下降趋势，表现为饮食（食品、酿酒）、日用品（家用电器、日用化工、家居用品）、休闲娱乐（酒店餐饮、传媒娱乐、旅游）产业全线看跌。

（3）房地产业萧条，表现为地产相关产业股（钢铁、建材、房地产）收益低下。

（4）金融业仍未摆脱资本寒潮的境遇。

（5）电子制造业大量流出中国，或回流发达国家制造业或迁往东南亚低成本制造区，中国面临产业升级，导致电子元器件相关行业（电脑设备、通信设备、半导体、元器件、软件服务业）效益不乐观，而轻工业（化工、造纸）迎来发展的新机遇。

第五章

差异性资本供给对城镇居民福利转移的影响

第一节 引 言

中国自改革开放以后,经历了近40年经济的蓬勃发展,取得了令世人瞩目的经济成果。与此同时,中国城镇化的进程也取得了突飞猛进的发展。作为现代化的重要标志之一,一个国家的城镇化水平高低在很大程度上能够体现该国的综合实力水平。纵观发达国家,其城市化水平都超过75%以上,而世界第一强国——美国的城市化水平高达90%,甚至出现逆城市化现象。2015年的中国城市化水平虽然达到了56.1%,[①] 数据更多的是呈现出空间的城市化而并没有很好地体现人口的城

[①] 国家新型城镇化报告(2015). 见国家发展和改革委员会网站. http://www.ndrc.gov.cn.

第五章　差异性资本供给对城镇居民福利转移的影响

化。为缩小与发达国家城镇化率的差距，能够早日让中国步入发达国家的阵营，城镇化发展无疑将会在接下去的经济发展中扮演举足轻重的角色。然而，在新型城镇化建设中，不可否认金融供给一直在其中扮演着举足轻重的角色。无论是基础设施建设、人口转移、地产开发或是产业升级，这些方面都需要资金的支持。通过金融供给，可以使资源更高效率地被利用及更合理地配置从而创造出互利双赢的局面，提高社会总的福利水平。

关于城镇化进程中的资金供给，综合大多数国家的情况，中国人民银行在《2012年第四季度中国货币政策执行报告》中，总结了以下三点：一是传统意义上的政府税收；二是基于使用者付费原则的项目收益；三是通过发行市政债券或类似债务工具从金融市场融资。概括来讲，即为官方资本和民间资本两大来源。同时对照国内，与中国政府主导的新型城镇化建设资金来源类似。随着资本市场的逐渐发展壮大，资金供给的种类与数量也变得多样：不断降低门槛的金融市场准入、民间借贷的政策认可与地方债务融资的批准发行等，都为城镇化进程的金融供给提供了更多渠道。然而，由于资源、历史、地理、政策等各方面因素，造就了沿海地区与内陆经济发展水平的不协调，资本供给会因为地区不同而出现差异。故而就如何基于不同地区的经济水平基础上，有效地结合不同性质来源的资金供给，在高效建设新城镇的同时又能实现社会公平成为一些地方政府亟待解决的难题。

本章主要以浙江省为研究对象，因为其具有强大的经济发展水平及活跃的民间资本优势。在城镇化进程中，除了商业银行和中小银行贷款、地方债务性融资与地方财政支出以外，资金供给来源还包括资产证券化、金融性公司融资、民间借贷和其他金融创新等。本书从分析资金供给端的资金来源的角度入手，通过找寻数据比较不同融资工具在城镇化建设中贡献的作用大小，以及对福利转移水平进行研究，从而科学合理地为浙江省新型城镇化建设提供具有操作性、针对性的参考建议，以实现社会福利改进。

第二节 文献回顾与评述

一、城镇化建设投融资模式

（一）外文文献的研究状况

特雷尼什（Teranishi，1997）认为，城市化进程中存在大量城市基础设施的融资、城市住房融资行为，满足这些项目的融资需求可以有效地支持城市规模的增长。理查德（Richard，2007）利用美国和英国主要城市的数据，分析了投资水平、经济发展水平等经济因素对美国城市化和英国城市化的作用，结果显示资本投入是对城市化最重要的影响因素。德蒙特斯（Dematteis，1996）发现，在欧洲国家的城市化进程中，金融供给在城市交通建设有着至关重要的作用，以此促进城市化发展。

（二）中文文献的研究成果

胡斌（2002）认为，政策性金融是支持城市基础设施建设的有效手段，并提出通过加大投融资体制改革力度以解决城镇化建设中的资金短缺,增强政策性金融对中国城镇化建设的支持作用。陈干宇和张玲(2003)将城镇化进程中投融资模式分为竞争性投融资模式与非竞争性投融资模式,在竞争性投融资模式中提出深化间接融资体制、发展直接投融资,如股票市场、债券市场,以及加大引进外资力度三个方面。而在非竞争性投融资中,主张"开源""节流",拓宽资金来源渠道、收缩投资领域两方面。伍艳(2005)认为,长期存在的金融抑制现象导致中国城镇化率始终滞后于工业化率,城镇集约化程度和城市基础设施水平较低,因而需加快金融体制改革。

刘洪喜(2005)认为,资金是城镇发展的重要保证,因此要建立有效的投融资财政支持方式。一要有效的政府宏观调控和正确的定位作为保证。二要推进基层财政体制的变革,强化城镇的财政自主能力和财政自治能力。三要完善城镇财政投融资体系的构建和制度。四是要建立城镇投融资绩效评价体系。范立夫(2010)认为,发展城镇经济和增加基础设施投入都离不开金融的支持,中小企业的设立和发展都离不开金融服务,尤其是信贷资金的扶持。王建威和何国钦(2012)认为,财政与金融支持机制是推动城镇化发展的重要手段。黄国平(2013)认为,城镇化过程中的基础设施建设、公共产品供给、农村劳动力转移等都需要政府主导下大量资金的支持。白山(2014)的研究表明,地方政府投融资体系在城镇化建设中有着独特的主导性作用。王建威和何国钦(2012)提出,以"协调创新"的理念来发展城镇化建设,而非像以往仅仅凭借单项的资金供给试图有效地解决城镇化发展中的资金供给矛盾。要有机地结合金融、财政两方面于段去缓解城镇化进程中的资金问题。申银万国证券股份有限公司课题组(2013)对比外国发行市政债券的情况,并结合国内的实际情况,认为市政债券作为一项债务融资工具,在城镇化建设融资中,能很好地匹配城镇化进程中资金需求的特点。白山(2014)强调政府在城镇化建设中的主导作用,着重分析了地方政府投融资在城镇基础设施建设中的独特作用。这部分资金具有数量大、投入集中、投入期限长且持续,并且成本低甚至不求回报的特点,完全符合城镇化建设对资本供给端的资金要求。

二、金融发展与城镇化建设

(一)外文文献的研究状况

德莫特斯(Dematteis,1996)发现,欧洲国家的城市化进程中,金融供给在城市交通建设中有着至关重要的作用,以此促进城市化发展。理查德(Richard,2007)利用美国和英国主要城市的数据,分析了投资水平、经济发展水平等经济因素对美国城市化和英国城市化的作用,结果显示资本投入是对城市化最重要的影响因素。尼吉尔(Nigel,1990)通过实证研究发现,经济增长与城镇化之间存在着正相关性。霍夫和安吉莱斯(Huff and Angeles,2011)通过对东南亚的数据进行分析发现工业化是城镇化的基本动力。

肖柏兹和里恩(Shahbaz and Lean,2012)对突尼斯1971~2008年的数据研究后认为,能源消耗、金融发展、经济增长、工业化以及城镇化之间存在长期均衡关系。陈、吴和勃格斯(Cho,Wu and Boggess,2003)以美国五个州为例评估城市化水平、土地使用规章制度以及金融发展之间的相互作用程度,结论认为城市化进程中金融发展对土地投资与开发具有积极影响。科威-王·科姆(Kyung-Hwan Kim,1997)的研究发现，在城市化进程中，金融发展对房地产投资和基础设施建设的大力发展起到了至关重要的作用。

（二）中文文献的研究状况

黄国平（2013）也对在城镇化进程中金融支持的机制进行了细致分析，认为金融相关的部门在城镇化进程中，主抓工业化和农业现代化两方面，才能进一步促进城镇基础设施的完善，城镇居民生活水平的提高以及产业转型升级。

张正斌（2008）则选取宁夏回族自治区作为研究对象，通过对1990~2005年的金融发展与城镇化建设的相关数据，最后得出若以人口计量的城镇化率来表现金融发展与城镇化发展两者间的关系，发现两者关系并不明显。而通过收入计量的城镇化率来表现前两者的关系，则有很明显的因果关系。深层次的分析则是，因为金融发展在城镇化进程中可能更多地体现在增加收入方面，即拉动当地经济，带动产业发展，进而促进居民收入水平增加，带动城镇化发展，而人口逐步向城镇集聚或许仅仅是表象。

郑长德（2007）研究金融机构对城镇化建设进程的机制，通过对中国的实证研究，中国城镇化水平与经济金融文化水平存在高度的正相关性。

郑玫和傅强（2008）也以重庆市作为研究对象，通过格兰杰因果关系检验，得出金融发展水平在重庆市城镇化建设中有至关重要的作用。

二、福利转移的研究

国内的研究基本上集中在区域性福利转移上。王伟同

(2011)通过数据的实证分析发现,中国居民生活水平提高的主要原因并不是城镇化进程本身而是归功于政府所提供的公共服务能力的提高。甚至,一些城市的城镇化进程还存在阻碍居民福利改善的现象。侯志阳(2013)对新型城镇化背景下国民福利与传统城镇化国民福利做了比较,认为新型城镇化背景下国民福利表现为福利对象一体化、均等化,福利内容趋向"大福利",福利供给方式信息化、智能化,福利评价生态化,并提议,促进城市社区福利结构转型,以提升新型城镇化的国民福利水平。陈寿江和李小建(2013)以中部六省为样本,通过计算中部六省各县市的人均 GDP 指数与福利指数,表明人均 GDP 指数的"伸缩性"明显大于人均福利指数的"伸缩性"。同时,在经济较发达的区域福利水平有下降的趋势,经济发展水平一般的区域福利水平较为稳定;经济水平欠发达的地区福利水平则呈现上升态势。

对福利转移的研究上,国内外研究的一般性结论是,农村的福利转移明显大于城市的福利转移。

四、小结

综合上述文献可以对新型城镇化的内涵有一定了解,同时无论是外国学者还是中国学者,都通过他们的研究与实证分析得出经济发展与城镇化建设呈正相关的结论。经济高速发展带动城镇化率的提高,同时城镇化率的提高反过来也会拉动投资增长与消费增长,两者的关系可谓相辅相成。而随着经济的发展,也会促进相应城镇居民福利水平的提高。然而,在上述文章中关于资金供给支持城镇化建设的研究也很多,对城镇化建设的作用,研究发达国家的投融资模式对城镇化建设的经验与中国投融资模式进行对比，都强调资金供给在城镇化建设中的主导地位。

但是，这些研究中，却很少从地方性融资渠道的角度出发，尽管有从债券融资与资产证券化等创新性的融资方式角度进行分析的研究，然而研究并不深入，缺乏一定的数据支持。此外，对城镇化建设进程中城镇居民社会福利水平转移这一方向的研究，所能查到的文献微乎其微。因此，基于上述研究基础上，本章尝试从资金供给端入手，通过构建相应的模型与实证分析，对于不同融资工具对城镇居民福利转移水平的影响进行研究，力图得出一定的结论。

第三节 差异性资金供给对城镇居民社会福利转移水平的实证研究

本节对浙江省的城镇资产投资资金与城镇居民人均福利的相关关系进行研究，分别研究城镇固定资产投资完成额以及五种资金来源：国家预算内资金、国内贷款、利用外资、自筹资金和其他资金，最后，对资金总额与城镇人均福利的相关关系进行研究。选取的变量为时间序列变量，其区间为2004~2014年共11年数据，同时，为了防止直接使用数据可能存在的"异方差"性，先对时间序列数据进行了取自然对数处理，城镇固定资产投资完成额、国家预算内资金、国内贷款、利用外资、自筹资金和其他资金、资金总额分别用 $\ln X_1$、$\ln X_2$、$\ln X_3$、$\ln X_4$、$\ln X_5$、$\ln X_6$ 和 $\ln X$ 表示；$\ln Y$ 表示城镇居民人均福利的自然对数。

在对经济类数据进行协整分析时，如果直接采用原始数据，可能出现"伪回归"现象。因此，一般经济学理论都认为，在进行协整分析之前，需要对时间序列进行平稳性检验，已验证序列的平稳性。满足同阶平稳的时间序列，便可对其进行协整关系检验，如果协整关系存在，则认为城镇居民的人均福利与城镇人均资金来源之间存在长期稳定的均衡关系。

一、福利水平指数模型构建

关于城镇化福利水平转移研究，则不得不构建相对应的指标模型来呈现福利水平，进而再研究其转移水平。国内外学者构建了一些社会福利指数。这些福利指数的共同点是除了考虑经济指标外，还尽可能考虑更多的指标，如健康、教育、环境污染、分配公平程度等，不同点主要是考虑的具体指标及其权数不同。而城镇居民福利核算也与此相类似，不仅包括经济福利，还应包括无法用货币表示的与人类幸福感密切相关的非经济福利。而由于非经济福利数据极难得到，因此为了简化研究，本章主要考虑经济福利。城镇居民福利涉及城镇总产品等的分配，可以将其分为两类，一是个人所得，即私人福利；二是城镇的公共支出，即公共福利。

利用城镇人均在岗职工工资、城镇在岗职工数、城镇总人口等指标表示福利指数。选择这些指标，基于以下考虑：一是用前4个指标的简单运算可以得到城镇居民总收入，即私人福利。二是《中国城市统计年鉴》中的财政支出包括：（1）一般公共服务；（2）外交；（3）国防；（4）公共安全；（5）教育；（6）科学技术；（7）文化体育与传媒；（8）社会保障与就业；（9）社会保险基金支出；（10）医疗卫生；（11）环境保护；（12）城乡社区事务；（13）农林水副渔；（14）交通运输；（15）工业商业金融等事务；(16) 其他支出；(17) 转移性支出。

这些内容较好地反映了公共福利情况，虽然其他统计年鉴数据与地方财政支出数据不尽相同，但大同小异，为了简化研究，本章认为财政支出与各项目相同。同时，考虑到公共福利很难量化，而财政支出能很好地体现公共福利，因此，本章将财政支出作为公共福利，即假设公共福利等同于财政支出。三是这些指标较好地反映了经济、社会、文化、生态环境等，体现了私人福利与公共福利的基本情况。用福利指数来呈现浙江省城镇居民福利水平，计算公式如下：

$$\text{城镇居民人均福利} = \frac{\text{城镇居民福利}}{\text{城镇居民人口}}$$

$$= \frac{(\text{城镇在岗职工总工资} + \text{城镇财政支出})}{\text{城镇居民人口}}$$

$$\text{城镇在岗职工总工资} = \text{城镇单位在岗职工人均工资} \times \text{在岗职工人数}$$

二、平稳性检验

对时间序列的平稳性进行检验，本章使用 ADF 单位根检验，其检验的原假设为变量是含有单位根的非平稳的时间序列。如果不能拒绝原假设，就认为时间序列是非平稳的。随后，对其进行差分并进行单位根检验，只有 ADF 统计量小于显著性水平下的临界值，才可以拒绝原假设，即认为差分后的变量是平稳的。如果经过同阶差分以后的数据是平稳的，此时，仍然可以进行协整检验和其他分析。基于此理论对 $\ln Y$、$\ln X_1$、$\ln X_2$、$\ln X_3$、$\ln X_4$、$\ln X_5$、$\ln X_6$ 和 $\ln X$ 进行 ADF 单位根检验，表 5—1 是分别对全部变量的原始序列以及差分平稳性检验的结果。

表5-1 平稳性检验结果

变量	检验类型 (c, t, p)	ADF 统计量	临界值		P值	平稳性
			5%水平	10%水平		
$\ln Y$	(c, 0, 1)	-2.163	-3.260	-2.771	0.229	非平稳
$\Delta \ln Y$	(c, 0, 0)	-3.056	-3.260	-2.771	0.067	平稳
$\ln X_1$	(c, 0, 0)	0.537	-3.213	-2.748	0.978	非平稳
$\Delta \ln X_1$	(c, 0, 0)	-2.305	-3.260	-2.771	0.190	非平稳
$\Delta^2 \ln X_2$	(0, 0, 0)	-3.974	-1.996	-1.599	0.002	平稳
$\ln X_2$	(c, 0, 0)	-0.705	-4.297	-3.213	0.801	非平稳
$\Delta \ln X_2$	(c, 0, 1)	-3.565	-3.321	-2.801	0.036	平稳
$\ln X_3$	(c, 0, 1)	0.328	-3.260	-2.771	0.965	非平稳
$\Delta \ln X_3$	(c, 0, 0)	-5.324	-3.260	-2.771	0.003	平稳
$\ln X_4$	(c, 0, 1)	-2.192	-3.260	-2.771	0.220	非平稳
$\Delta \ln X_4$	(c, 0, 0)	-3.559	-3.260	-2.771	0.033	平稳
$\ln X_5$	(c, 0, 0)	-0.536	-3.213	-2.748	0.844	非平稳
$\Delta \ln X_5$	(c, 0, 0)	-3.643	-3.260	-2.771	0.029	平稳
$\ln X_6$	(c, 0, 1)	-0.912	-3.260	-2.771	0.734	非平稳
$\Delta \ln X_6$	(c, 0, 1)	-3.540	-3.321	-2.801	0.038	平稳
$\ln X$	(c, 0, 0)	-1.444	-3.213	-2.748	0.519	非平稳
$\Delta \ln X$	(0, 0, 0)	-3.839	-1.988	-1.600	0.002	平稳

注：(1)(c, t, p)为单位根检验类型，其中，c表示常数项；t表示趋势项；p表示系统滞后项。
(2)显著性水平为10%。

表5-1的ADF单位根检验结果显示，$\ln Y$、$\ln X_1$、$\ln X_2$、$\ln X_3$、$\ln X_4$、$\ln X_5$、$\ln X_6$ 和 $\ln X$ 的原始序列的ADF检验统计量值均大于5%的显著性水平和10%的显著性水平下的临界值，对应的p值都大于0.1，所以在10%的显著性水平下不能拒绝原假设，认为 $\ln Y$、$\ln X_1$、$\ln X_2$、$\ln X_3$、$\ln X_4$、$\ln X_5$、$\ln X_6$ 和 $\ln X$

时间序列存在单位根，即认为是非平稳的。由于原始的时间序列都不平稳，因此还需要再对时间序列的差分序列进行单位根检验。在一阶差分下，$\ln Y$、$\ln X_2$、$\ln X_3$、$\ln X_4$、$\ln X_5$、$\ln X_6$ 和 $\ln X$ 下的 ADF 的统计量值都小于5%的显著性水平下的临界值，对应的 p 值均小于 0.1，所以在 10% 的显著性水平下，认为 $\ln Y$、$\ln X_2$、$\ln X_3$、$\ln X_4$、$\ln X_5$、$\ln X_6$ 和 $\ln X$ 都是一阶平稳的。而 $\ln X_1$ 的一阶差分序列的 ADF 值仍大于临界值，随后再对二阶差分序列进行 ADF 检验，该值小于 10% 的显著性水平下的临界值，由此拒绝原假设，即认为 $\ln X_1$ 是二阶平稳的，不能与 $\ln Y$ 满足同阶平稳，而 $\ln Y$ 与 $\ln X_2$、$\ln X_3$、$\ln X_4$、$\ln X_5$、$\ln X_6$ 和 $\ln X$ 都满足同阶平稳，可以对其分别建立协整关系的检验。

三、协整检验

恩格尔和格兰杰（Engel and Granger）的协整理论认为，两个非平稳时间序列的线性组合可能是平稳的，如果存在这种线性组合，就认为时间序列存在协整关系，也就是长期的平稳关系。本章已经验证了 $\ln Y$ 与 $\ln X_2$、$\ln X_3$、$\ln X_4$、$\ln X_5$、$\ln X_6$ 和 $\ln X$ 是一阶单整的，满足同阶单整的时间序列前提，所以协整关系可以建立。先利用最小二乘法（OLS）对时间序列进行回归，得到回归方程的残差项，然后对残差进行平稳性检验，仍然采用 ADF 单位根检验法。以 $\ln Y$ 为被解释变量，分别以 $\ln X_2$、$\ln X_3$、$\ln X_4$、$\ln X_5$、$\ln X_6$ 和 $\ln X$ 为解释变量，得到的协整方程如表 5-2 所示。

表 5-2　　　　　　　　　　协整方程

	变量	系数	标准误	T统计量	P值
预算内资金	$\ln X_2$	0.462	0.014	33.658	0.000
	C	7.038	0.081	86.376	0.000
	R^2	0.992	F统计量	1132.829	
	Adj-R^2	0.991	P值	0.000	
国家贷款	$\ln X_3$	1.210	0.070	17.358	0.000
	C	0.552	0.530	1.041	0.325
	R^2	0.971	F统计量	301.297	
	Adj-R^2	0.968	P值	0.000	
利用外资	$\ln X_4$	-0.011	0.594	-0.019	0.985
	C	9.806	3.221	3.044	0.014
	R^2	0.000	F统计量	0.000	
	Adj-R^2	-0.111	P值	0.985	
自筹资金	$\ln X_5$	0.621	0.068	9.121	0.000
	C	4.405	0.587	7.500	0.000
	R^2	0.902	F统计量	83.187	
	Adj-R^2	0.892	P值	0.000	
其他资金	$\ln X_6$	0.872	0.080	10.965	0.000
	C	2.916	0.624	4.672	0.001
	R^2	0.930	F统计量	120.237	
	Adj-R^2	0.923	P值	0.000	
总资金	$\ln X$	0.612	0.124	4.919	0.001
	C	4.195	1.131	3.709	0.005
	R^2	0.729	F统计量	24.193	
	Adj-R^2	0.699	P值	0.000	

在上述六个协整方程中，除 $\ln X_4$ 外，对回归方程中 F 检验的 p 值，均没有通过显著性检验，即认为利用外资对浙江省的城镇福利水平建立的模型是不显著的，同时，方程的 R^2 小于

0.1，调整的 R^2 为负，即认为回归方程的拟合效果也是不能接受的。除此之外，以预算内资金、国家贷款、自筹资金、其他资金以及总资金为解释变量的回归方程的 F 统计量对应的 p 值均为 0，即认为回归方程是显著的。同理，回归方程的 R^2 以及调整的 R^2 均在 0.6 以上，所以，认为 5 个模型的回归方程也是显著的。

对回归方程的系数的显著性检验，检验统计量为 T 统计量，如果该系数对应的 p 值小于 0.05，就认为回归方程的系数也是显著的。要验证变量之间是否存在协整关系，则需要对方程的残差进行平稳性检验。表 5-3 为残差的平稳性检验结果。通过表 5-3 的残差检验可以看出，在以利用外资为解释变量的协整方程中，残差项对应的 p 值大于 0.05，所以认为利用外资与城镇福利水平之间并不存在长期稳定的均衡关系。而分别以预算内资金、国家贷款、自筹资金、其他资金以及总资金为解释变量的残差项的 ADF 检验统计量均小于 5% 的显著性水平下的临界值，p 值小于 0.05 的显著性水平，所以可以拒绝原假设，认为 5 个残差不存在单位根，是平稳的时间序列。最终，确定了预算内资金、国家贷款、自筹资金、其他资金、总资金分别与城镇福利水平之间都存在长期的协整关系。具体表现为：预算内资金在协整方程中的系数为 0.462，表明了预算内资金对城镇人均福利产生显著的正向影响作用，预算内资金每增加 1%，将使城镇人均福利水平增加 0.462%。国家贷款在协整方程中的系数为 1.210，表明了国家贷款对城镇人均福利产生显著的正向影响作用，国家贷款每增加 1%，将使城镇人均福利水平增加 1.210%。自筹资金在协整方程中的系数为 0.621，表明了自筹资金对城镇人均福利产生显著的正向影响作用，自筹资金每增加 1%，将使城镇人均福利水平增加

0.621%；其他资金在协整方程中的系数为 0.872，表明了其他资金对城镇人均福利产生显著的正向影响，其他资金每增加 1%，将使城镇人均福利水平增加 0.872%；总资金在协整方程中的系数为 0.612，表明了总资金对城镇人均福利产生显著的正向影响，总资金每增加 1%，将使城镇人均福利水平增加 0.612%。

得到的城镇投资与城镇人均福利的模型为：

$$\ln Y_t = 0.462 \ln X_{2t} + 7.038 + \varepsilon_t \quad (5-1)$$

$$\ln Y_t = 1.210 \ln X_{3t} + 0.552 + \varepsilon_t \quad (5-2)$$

$$\ln Y_t = 0.621 \ln X_{5t} + 4.405 + \varepsilon_t \quad (5-3)$$

$$\ln Y_t = 0.872 \ln X_{6t} + 2.916 + \varepsilon_t \quad (5-4)$$

$$\ln Y_t = 0.612 \ln X_t + 4.195 + \varepsilon_t \quad (5-5)$$

由式（5-1）、式（5-2）、式（5-3）、式（5-4）、式（5-5）确定了国家贷款对城镇福利的贡献度最大，其后为其他资金、自筹资金和预算资金。利用外资与城镇福利水平之间并不存在长期稳定的均衡关系。通过构建协整方程，见表 5-2，并进行残差项检验，见表 5-3，得：

表 5-3　　　　　　残差项的 ADF 单位根检验

变量	ADF 检验值	1% 临界值	5% 临界值	10% 临界值	P 值	结论
RES2	-3.676	-4.421	-3.260	-2.771	0.028	平稳
RES3	-2.778	-2.817	-1.982	-1.601	0.011	平稳
RES4	-2.198	-4.421	-3.260	-2.771	0.218	不平稳
RES5	-2.229	-2.817	-1.982	-1.601	0.031	平稳
RES6	-4.811	-2.817	-1.982	-1.601	0.000	平稳
RES	-2.536	-2.817	-1.982	-1.601	0.017	平稳

第四节 小 结

在新型城镇化背景下,城镇化的发展理念、发展趋势、发展模式都发生着深刻的变化。同时,城镇居民社会福利转移水平在不同的资金供给端,也会随着融资工具的不同而呈现不同的方式。

本章以浙江省为例,研究了浙江省新型城镇化进程中,资金供给对城镇居民社会福利转移水平。本章采用 2004~2014 年共 11 年数据,利用 ADF 单位根检验对时间序列的平稳性进行了检验,同时构建福利指数模型,进行协整检验并最终得出协整方程来体现不同资金供给在新型城镇化过程中城镇居民社会福利转移的水平。基于实证分析,我们可以得出:

第一,国家贷款对城镇福利的贡献度最大,即每增加1%,使城镇人均福利水平增加 1.210%。

其中,国家贷款具体包括银行利用自有资金及吸收存款发放的贷款、上级主管部门拨入的国内贷款与国家专项贷款等内容。故而在新型城镇化进程中,应当使该类资金作为资金供给的主导。

第二,其次为其他资金、自筹资金和预算资金,每增加 1%分别对应城镇人均福利水平增加 0.872%、0.621%与 0.462%。

其中,其他资金具体包括社会集资、个人资金和无偿捐赠等。自筹资金包括各类企事业单位的自有资金和从其他单位筹集的用于固定资产投资的资金。预算资金包括一般预算、政府性基金预算、国有资本经营预算和社保基金预算。在保证国家贷款投入充足的情况下，加大其他资金对新型城镇化的投资，以确保城镇居民福利转移的最大化。

第三，利用外资与城镇福利水平之间并不存在长期稳定的均衡关系。外资具体包括，对外借款、外商直接投资和外商其他投资。

第六章

差异性资本供给的若干理论诠释与对策

第一节 引 言

自"九五"计划开始,尤其是十八届三中全会提出全面推进"中国特色新型城镇化"后,城镇化建设得到了空前的发展。在新型城镇化建设中,无论是城镇规划、人口迁移,还是产业升级换代或房地产开发,金融供给都扮演着一个不可或缺的角色。金融供给不仅能够通过资源优化配置提高市场效率,而且可以通过市场竞争实现社会福利的再次分配。中国人民银行在《2012年第四季度中国货币政策执行报告》中,总结了国外城镇化建设资金来源主要有三方面:一是传统意义上的政府税收收入;二是基于使用者付费原则的项目收益;三是通过发行市政债券或类似债务工具从金融市场融资。这与政府主导的中国新型城镇化建设的资金来源基本相似,官方资本和民间资本成为两大主要资金来源。随着金融市场化的推进，金融供给数量和渠道日益增多：金融市场准入不断降低、民间借贷合法化和地方性债务融资获准发行等，都为新型城镇化建设的资本供给渠道多样化提供了可能。但中国东中西部地区的经济发展、资源分配失衡、地理性差异和制度供给差异导致了中国经济发展的局部失衡，进而导致金融供给的差异，最终影响新型城镇化建设的进程和社会福利转移的程度。因此，如何充分有效地利用不同性质来源的地方性资金，达到既能高效建设新城镇，又能有效地实现社会公平就成为很多地方政府亟待解决的课题。

浙江省作为经济强省和民间资本大省，地方性资本规模和来源具有其他省区市无法比拟的优势。在新型城镇化建设中，除了常规性的银行融资和债券、地方性债务发行之外，地方性资本来源还包括民间借贷、企业间的融资、资产证券化和金融创新等途径。资本来源的差异和资本数量的多寡，就产生了如何利用不同性质的资本才能达到城镇化建设的边际效益最大化和社会福利最大化等问题。这对浙江省政府设计的新型城镇化融资体系提出了挑战：既要考虑地方性资本供给的边际效应最大化，又要兼顾通过资本效应改进社会福利，兼顾社会公平。本课题从制度供给的角度入手，以资本效率最大化和公众福利的帕累托最优为目标函数，对浙江省城镇化建设中的融资模式、不同性质的资金贡献率边界，以及对社会福利的贡献大小进行比较，从而合理、科学地为设计浙江省新型城镇化建设提供具有操作性、针对性的参考建议，以实现社会福利的改进和经济效益最大化。

第二节 农村金融生态体系的构建与评价——来自浙江省的数据

由于农业①的弱质性、波动性和不确定性，导致了农业投资回报的长周期性和低回报率，影响了中国农村经济的发展。加上金融排斥（financial exclusion）和城乡金融二元性的长期存在，使农村经济得不到足够的金融支持，加剧了农村经济发展的滞后性。"中央一号"文件已经连续十余年关注"三农"问题，先后从政策扶持、政策导向、金融支持等方面对农村经济发展进行一系列倾斜，使这一问题得到一定缓解。

一、相关文献回顾

自"金融生态"（周小川，2004）的概念得到广泛关注后，政府政策（许诺金，2005；易宪容，2006）、地方经济基础（汪祖杰，张轶峰，2006）、地方金融发展水平、居民消费水平等因素，被认为对生态金融产生重要影响（李扬，2005；李扬，张涛 2009）。业界希望通过构建可持续发展的农村金融生态体系为"三农"的可持续发展提供动力，缓解"三农"问题带来的影响。

尽管金融二元性与区域经济发展和金融供给差异性的存在（金才鑫，谢升峰，2008），地方性农村金融生态体系的共性和个性并存。熊学萍等（2013）、丁述军等（2013）、周妮笛

---

① 为了便于表达，除有特殊说明外，"农业"泛指农林牧副渔业，下同。

(2010)、石艳蕊（2010）、苏玉峰（2013）、何文彬（2012）、刘磊（2012）等先后对湖南、山东、河南、河北、黑龙江、贵州等地的农村金融生态体系进行了研究，发现这些农村金融生态系统存在一个共同特点，即制度和资金供求失衡，行政干预行为导致效率较低。而解决金融排斥问题则是一个长期过程，制度保障、金融机构和满足农民金融需求等环节是相互交织、互相促进的过程。因此，制度、金融供给和有效的政府行为都需要中央政府通过政策导向和行政约束，才能促使金融机构增加农村资金供给，缩小城乡经济金融差距，通过中央政府的政策支持和地方政府相关机构的效率调整才能更好地促进农村经济的发展。

浙江省作为传统的农业大省，有着得天独厚的自然资源和广阔的市场资源，但从2000年前后开始，浙江省农业产出在全国所占比重却逐年下降，其重要原因在于农业投入下降，主要表现在信贷投入增幅大幅度下降。为了解决浙江省农村发展"融资难"问题，丽水市在2006年率先实施林权投融资改革试点，缓解了部分农民因缺乏抵押物难以获得银行贷款的难题，并在2012年成为全国首个经国务院和地方政府联合批准的全国农村金融改革试点地区。从金融支持上为农村经济的发展提供示范，揭示了金融发展是促进农村经济发展的重要推动力。在2011年，国务院正式批复《浙江海洋经济发展示范区规划》，使浙江省的舟山群岛的海洋经济发展示范区从地方战略上升为国家战略。杭州、宁波、温州、嘉兴、绍兴、舟山、台州7市47个县（市、区）被纳入国家海洋经济发展示范区。这些地区的农业，尤其是渔业将会获得长期、稳定的政策支持。优良的政策环境和政策导向，能够为区域性农村经济的可持续发展提供有力的保障。

中国城乡的制度设计、城乡经济、金融供给和居民意识等因素存在差异性。中国经济改革始于城市改革，国民经济发展主体建立在城市工业化的基础上，农村经济改革为城市提供便利，因而使农村金融被排除在主要金融供给体系之外，从而产生了金融排斥（financial exclusion）。金融排斥使城市金融体系和农村金融体系无论在资金供给，还是金融体系的架构上都产生了差距，形成阶梯型资金供给落差态势。使经济发达的城市成为周边落后地区的辐射源，使金融服务从城市向周边农村扩散。随着刘易斯拐点的出现，城市反哺农村的现象并没有出现，不完全金融市场机制等使农村资金逆流向城市，哺育与反哺的不对称性拉大了城乡差距（洪银兴，2007），日益缩减的农村金融有效供给则加剧了这种状态，致使农村经济发展缺乏可持续性。因而，通过制度设计的调整，构建可持续发展的农村金融生态系统，有步骤、有计划、逐步地为解决"三农"问题提供可持续的支撑体系就成为必然。

本章以金融排斥和二元金融理论为基本框架，以浙江省下辖地级市农村为研究对象，利用 DPSIR 模型构建一个包括"三农"、政府行为和金融深化等三要素、五大类 22 个具体指标所构建的浙江省农村金融生态体系并进行实证研究，最后提出一定的结论和政策建议。

二、研究方法及指标说明

本章构建了一个运用浙江省下辖的 11 个地级市数据评价金融生态系统的 DPSIR 模型。模型包括驱动力（driving）、压力（pressure）、状态（state）、影响（impaction）和响应（respection）等五个因素 22 个指标。其中，驱动力（D）是推动及改善金融生态环境的潜在间接动力,主要是经济活跃程度方面的指标,是促使金融生态环境变化的最关键、最原始的指标。压力(P)是社会对金融生态环境产生直接压力,主要来自社会发展对金融深化的需求。状态(S)是金融生态环境在压力作用下所处的状态,表现为金融深化的一种状态;影响(I)是表现金融生态环境的状态指标对经济发展的相互影响,表现在金融深化程度与经济发展程度的相互作用。响应(R)是社会主观方面对当前金融生态环境采取的措施,为分担经济发展驱动力作用、缓解金融生态环境压力、改善金融发展程度、弱化金融与经济之间的相互作用所表现出来的策略。它们存在着驱动力→压力→状态→影响→响应的因果关系链。

基于浙江省农村经济发展水平、地方政府的政策导向、农村金融深化程度、农村信用环境和农户基本情况等方面,以农村金融生态环境质量为目标层,选取驱动力(D)、压力(P)、状态(S)、影响(I)、响应(R)五个因素作为准则层依照综合指标体系构建的基本原则,① 下设22个指标层,见表6-1。

---

① 在多指标综合评价技术中,指标体系的构建是关键问题之一,构建合理的评价指标体系是科学评价的前提。一套科学的指标体系首先,应根据评价目的反映有关评价对象的各方面状况,如果指标体系不全面,就无法对评价对象做出整体判断。其次,指标间不能重叠过多,过多的重叠会导致评价结果失真,即使对重叠进行适当修正,也会增加计算的难度和工作量。最后,计算指标所需要的数据应是容易采集的,指标容易计算或估计,否则指标体系就无法应用(邵强,李友俊,田庆旺,2004)。

表6-1 基于DPSIR模型的浙江省农村金融生态环境质量评价模型框架

目标层 O	准则层 F	指标层 X	指标简单描述	熵值 e_j	效用值 $1-e_j$	熵权 w_j
浙江省农村金融生态环境质量评价体系	驱动力 D	X_1：区域GDP增长率	指标值越大，表明经济发展越活跃，对金融生态环境的驱动力越大	0.8947	0.1053	0.0276
		X_2：人均第一产业增加值	指标值越大，表明经济发展越活跃，对金融生态环境的驱动力越大	0.8905	0.1095	0.0287
		X_3：人均农林牧渔总产值	指标值越大，表明经济发展越活跃，对金融生态环境的驱动力越大	0.8697	0.1303	0.0341
		X_4：第一产业固定资产投资增长率	指标值越大，表明经济发展越活跃，对金融生态环境的驱动力越大	0.6621	0.3379	0.0885
		X_5：全社会固定投资增长率	指标值越大，表明经济发展越活跃，对金融生态环境的驱动力越大	0.7273	0.2727	0.0715
		X_6：人均社会消费品零售总额	指标值越大，表明经济发展越活跃，对金融生态环境的驱动力越大	0.9017	0.0983	0.0258

续表

目标层 O	准则层 F	指标层 X	指标简单描述	熵值 e_j	效用值 $1-e_j$	熵权 w_j
浙江省农村金融生态环境质量评价体系	压力 P	X_7：农民人均纯收入	指标值越大，表明经济对金融生态环境的压力越大	0.6375	0.3625	0.0950
		X_8：农民人均纯收入增长率	指标值越大，表明经济对金融生态环境的压力越大	0.8555	0.1445	0.0379
		X_9：人均财政一般预算收入	指标值越大，表明经济对金融生态环境的压力越大	0.7081	0.29119	0.0765
		X_{10}：地方财政支出增长率	指标值越大，表明政府对金融生态环境的压力越小	0.8694	0.1303	0.0342
		X_{11}：人均一般性公共服务支出	指标值越大，表明政府对金融生态环境的压力越小	0.7610	0.2390	0.0626
	状态 S	X_{12}：人均存款余额	指标值越大，表明金融生态环境满足社会经济发展的能力越大	0.8407	0.1593	0.0417
		X_{13}：人均贷款余额	指标值越大，表明金融生态环境满足社会经济发展的能力越大	0.8191	0.1809	0.0474
		X_{14}：人均城乡居民储蓄余额	指标值越大，表明金融生态环境满足社会经济发展的能力越大	0.9190	0.0810	0.0212
		X_{15}：农业保险保费收入增长率	指标值越大，表明金融生态环境满足社会经济发展的能力越大	0.9138	0.0862	0.0226

续表

目标层 O	准则层 F	指标层 X	指标简单描述	熵值 e_j	效用值 $1-e_j$	熵权 w_j
浙江省农村金融生态环境质量评价体系	状态 S	X_{16}：农业保险赔付金额增长率	指标值越大，表明金融生态环境满足社会经济发展的能力越大	0.9098	0.0902	0.0236
	影响 I	X_{17}：贷款余额/GDP	指标值越大，表明经济对金融生态环境影响力越大	0.8536	0.1464	0.0384
		X_{18}：农村金融深化指数1	指标值越大，表明经济对金融生态环境影响力越大	0.7393	0.2607	0.0683
		X_{19}：农村金融深化指数2	指标值越大，表明经济对金融生态环境影响力越大	0.8946	0.1054	0.0276
	响应 R	X_{20}：农信网点覆盖率	指标值越大，表明金融生态环境效率越高	0.7142	0.2858	0.0749
		X_{21}：存贷比	指标值越大，表明金融生态环境效率越高	0.9363	0.0637	0.0167
		X_{22}：农村存贷比	指标值越大，表明金融生态环境效率越高	0.8654	0.1346	0.0353

注：农村金融深化指数1=农村贷款余额/第一产业产值。
农村金融深化指数2=农业保险保费收入×100/第一产业增加值。
农村贷款余额=（0.5×农村人口/总人口+0.5×农林牧渔总产值/GDP）/贷款余额。
农信网点覆盖率=农信网点个数/村庄个数。
农村存款余额=（0.5×农村人口/总人口+0.5×农民人均纯收入/（农民人均纯收入+城镇居民人均可支配收入）/2）×存款余额。
农村存贷比=农村存款余额/农村贷款余额。

三、数据处理及实证分析

(一) 数据来源

本章选取浙江省下辖的11个地级市2005~2014年农村经济、金融等方面的统计数据及相关衍生数据。数据来源主要包括《中国统计年鉴》(2005~2014年),《浙江省统计年鉴》(2005~2014年)以及浙江省各地级市、县相应年份的统计年鉴,浙江省统计局和各市统计局网站公布的统计数据,中国保监会的《中国保险年鉴》(2006~2014年),[①] 中国人民银行杭州中心支行发布的《浙江省金融运行报告》(2005~2014年)等及相应地方政府官方网站颁布的相关数据。

(二) 处理数据及确定权重

采用 Min – Max 标准化方法消除各指标的内涵和单位差异性后,得到无差异城市序列值: i_1、i_2、…、i_{12} 分别表示杭州、宁波、嘉兴、湖州、绍兴、舟山、温州、金华、衢州、台州和丽水。根据式 (6-1):

$$e_j = -(\sum_{i=1}^{m} P_{ij} \ln P_{ij})/\ln m \qquad (6-1)$$

从式 (6-1) 得到第 j 项指标的熵值,结果见表 6-1。根据熵的可加性,得到五个准则层:驱动力 (driving)、压力 (pressure)、状态 (state)、影响 (impaction) 和响应 (respection)

---

① 由于浙江省农业政策性保险从2006年开始试行,所以保险数据从2006年开始。

的权重分别为 0.2762、0.3061、0.1566、0.1343 和 0.1268。

(三) 确定各地综合评价指数并排序

运用线性加权综合评价法,计算出各地区农村金融生态环境质量的综合评价指数,设 S_i 为第 i 个地区的综合评价得分。根据 $Q_i = \sum_{j=1}^{n} z_{ij} w_j$,计算各地区农村金融生态环境质量的综合评价指数,可以得出浙江省下辖的 11 个地级市的综合评价得分,见表 6 – 2,农村金融生态环境质量比较和排序,见表 6 – 3。

表 6 – 2　　浙江省农村金融生态环境质量综合评价指数

评分项	杭州	宁波	嘉兴	湖州	绍兴	舟山	温州	金华	衢州	台州	丽水
D	0.0837	0.0706	0.0629	0.0779	0.0651	0.1275	0.1096	0.0346	0.0404	0.1093	0.0405
P	0.1089	0.1056	0.1033	0.1271	0.1058	0.1705	0.1485	0.1481	0.1970	0.1513	0.1899
S	0.1306	0.1062	0.0645	0.0461	0.0846	0.0589	0.0364	0.0486	0.0389	0.0272	0.0348
I	0.0944	0.0685	0.0299	0.0141	0.0325	0.0138	0.0989	0.0482	0.0276	0.0182	0.0197
R	0.0976	0.0285	0.1073	0.0644	0.0591	0.0659	0.0325	0.0360	0.0221	0.0146	0.0273
综合 Q	0.5152	0.3794	0.3679	0.3296	0.3471	0.4366	0.4259	0.3155	0.3260	0.3206	0.3122

资料来源:《中国统计年鉴》(2005~2014 年);《浙江省统计年鉴》(2005~2014 年);浙江省各地级市、县历年统计年鉴;浙江省统计局和各市统计局网站公布的统计数据,《中国保险年鉴》(2006~2014 年);《浙江省金融运行报告》(2005~2014 年) 及各地政府网站颁布的相关数据。

表 6 – 3　　浙江省农村金融生态环境质量各准则层及综合排名

评分项	杭州	宁波	嘉兴	湖州	绍兴	舟山	温州	金华	衢州	台州	丽水
D	4	6	8	5	7	1	2	11	10	3	9
P	8	10	11	7	9	3	5	6	1	4	2
S	1	2	4	6	3	7	9	5	8	11	10

续表

评分项	杭州	宁波	嘉兴	湖州	绍兴	舟山	温州	金华	衢州	台州	丽水
I	2	3	6	10	5	11	1	4	7	9	8
R	2	8	1	4	5	3	7	6	10	11	9
综合Q	1	4	5	7	6	2	3	10	8	9	11

资料来源：《中国统计年鉴》（2005~2014年）；《浙江省统计年鉴》（2005~2014年）；浙江省各地级市、县历年统计年鉴；浙江省统计局和各市统计局网站公布的统计数据，《中国保险年鉴》（2006~2014年）；《浙江省金融运行报告》（2005~2014年）及各地政府网站颁布的相关数据。

（四）综合评价指数与各指标的相关分析

根据 $r_{xy} = \sum_{i=1}^{n}(X_i - \bar{X})(Y_i - \bar{Y})/[\sqrt{\sum_{i=1}^{n}(X_i - \bar{X})^2}$

$\sqrt{\sum_{i=1}^{n}(Y_i - \bar{Y})^2}]$ （6-2）

计算得出综合评价指数与各准则层的相关程度：驱动力（0.544169）、压力（-0.332692）、状态（0.657257）、影响（0.658184）和响应（0.546973）；综合评价指数与各指标的相关程度，见表6-4。

表6-4　综合评价指数与农村金融生态体系各指标的相关性

1. 区域GDP增长率	2. 人均第一产业增加值	3. 人均农林牧渔总产值	4. 第一产业固定资产投资增长率	5. 全社会固定投资增长率	6. 人均社会消费品零售总额
0.005595	0.453058	0.407994	-0.128003	0.352001	0.700431

续表

7. 农民人均纯收入	8. 农民人均纯收入增长率	9. 人均财政一般预算收入	10. 地方财政支出增长率	11. 人均一般性公共服务支出	12. 人均存款余额
0.486465	-0.392188	0.634357	0.534529	0.528831	0.814515
13. 人均贷款余额	14. 农业保险保费收入增长率	15. 农业保险赔付金额增长率	16. 人均城乡居民储蓄余额	17. 贷款余额/GDP	18. 农村金融深化指数1
0.800365	-0.550736	-0.219546	0.732700	0.854164	0.558552
19. 农村金融深化指数2	20. 农信网点覆盖率	21. 存贷比	22. 农村存贷比		
-0.173533	0.703357	-0.554076	0.293303		

资料来源：《中国统计年鉴》（2005~2014年）；《浙江省统计年鉴》（2005~2014年）；浙江省各地级市、县历年统计年鉴；浙江省统计局和各市统计局网站公布的统计数据，《中国保险年鉴》（2006~2014年）；《浙江省金融运行报告》（2005~2014年）及各地政府网站颁布的相关数据。

由表6-4可见，随着农民收入的增加，资金流向仍然首选日常消费（0.700431）。而存贷比（-0.554076）和农村存贷比（0.293303）则显示，农村的存款资金仍然在源源不断地流向城市建设，而不是用于农村自身的建设。

（五）浙江省农村金融生态系统环境质量的聚类分析

针对浙江省各地级市的具体特点，对表6-4得出的结果进行聚类分析，分析不同目标层对金融生态体系的影响作用，见图6-1。本书采用了离差平方和法（SPSS 20.0）对浙江省农村金融生态系统环境质量的评价进行聚类分析。

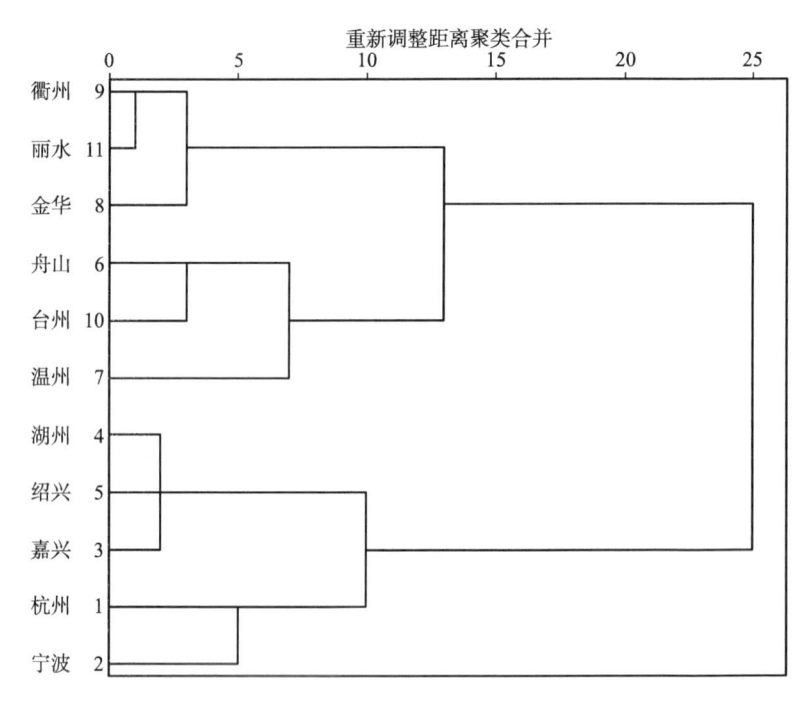

```
                    重新调整距离聚类合并
        0       5       10      15      20      25
衢州  9
丽水  11
金华  8
舟山  6
台州  10
温州  7
湖州  4
绍兴  5
嘉兴  3
杭州  1
宁波  2
```

图 6-1　浙江省农村金融生态环境质量的聚类谱系图

通过 MEANS 检验和单因素 ANOVA 验证，11 个地级市的农村金融生态质量分五类较为显著。第一类为杭州、宁波；第二类为湖州、绍兴、嘉兴；第三类为温州；第四类为舟山、台州；第五类为衢州、丽水、金华。通过聚类分析可以发现，浙江省农村金融生态环境是以经济最为发达的杭州和宁波为中心，呈现出向北向南及东南沿海地区阶梯式扩散的态势并逐渐衰减。

四、主要结论与对策

浙江省的农村地区与其他省区市的农村地区一样，也存在着金融排斥和城乡金融二元化等一般性问题，但活跃的民间金融、"影子"银行和民营企业占据了浙江省经济发展的主导成分，加上位处沿海经济发达地区等因素，使浙江省农村金融环境又具有鲜明的地方特色。金融排斥使农村金融排除在城市金融发展体系之外，致使农村经济发展缺少足够的途径获得相应的金融支持，金融排斥和农民的自我排斥恶化了农村金融生态环境（financial service authority，2000）。城乡金融二元性则加剧了这一现状，使城乡金融差距日益扩大。但活跃的民间金融与"影子"银行缓解了正规金融的供给不足，降低了城乡金融势能。浙商文化核心——"义利兼顾"，不能满足现代借贷契约中担保抵押条款，偏离了正规金融供给的均衡路径，在一定程度上推动了浙江民间借贷和"影子"银行的盛行，放大了金融风险。因此，针对浙江省的实际情况，只有通过制度设计、政府导向性的引导行为和金融供给等因素改善内生供给机制条件，抑制风险的行为，才能够从根本上改善生态发展环境，才能具有可持续性，最终，形成内外结合浙江农村金融生态发展的体系。本章还发现，温州和丽水作为浙江省经济相对落后的地区，经过金融改革试点后（尤其是温州市，先后三次作为全国、全省金融改革试点），金融生态环境有一定程度的改善。

因此，增加农村金融机构和地方性财政投入在一定程度上能够有效地缓解这一现象，但只有通过有效的金融生态体系，通过政府行为、金融供给和"三农"有机地成为一个整体制度设计，并保障这一制度的实施和出台，才能从根本上形成可持续发展的、可循环的供给机制。

(一) 地区经济发展水平是影响农村金融生态环境的关键性因素

经济发达的浙北 6 市对农村经济的推动力明显高于浙南 5 市，贡献率也是如此。近年来，浙北六市（杭州、宁波、舟山、嘉兴市、绍兴和湖州）的人均 GDP 水平稳居前六位，均高于浙南的五市（金华、台州、衢州、丽水和温州）。这一排序在农村金融生态体系中表现出基本相同的顺序。浙北的杭州（综合评价指数 0.52）和舟山市（综合评价指数 0.38）分列第一和第二，浙北的其余地区（宁波市、嘉兴市、绍兴市和湖州市）依次占据第四~第七的名次。这表明，区域经济的总体发展水平能够带动和促进农村金融的生态系统。

差异性区域经济水平对上述农村地区产生了差异性的经济意识诱导、制度设置导向和金融深化。发达的城市经济可以通过市场扩散传导机制，将城市经济中的经济观念、政策机制、经济机制等扩散到周边农村。同时，周边农村为城市建设提供上游产品或提供生活配套产品，带动了农业经济水平的整体发展，提高地方性财政收入和农民人均收入水平，最终达到农村整体经济发展的目标。因此，大力发展地方性经济，利用城市经济对农村的扩散机制和传导机制，改善农村的金融生态体系，最终实现城乡金融生态体系均衡发展。

(二) 农村金融生态体系质量变化按区域呈发散型分布

金融排斥和城乡金融二元化，使城市与周边的农村形成了阶梯式金融势能，金融扩散存在着高绝对值的落差。周边农村按照由内到外，由发达到欠发达的原则，成为城市金融创新扩散的最直接和最主要的吸纳者。杭州市和宁波市一直占据浙江省 GDP 的前两名，具有相对较好的经济发展水平，浙江省邻近上海市，因此在两省（市）之间及沿海地区受到的扩散驱动力要大于其余距离较远的农村。这就使得浙江省农村金融生态水平以杭州和宁波为中心，先向南北，后东部沿海，最后向西（南）扩散的趋势。

从聚类分析可以发现，浙江省的农村金融生态质量呈块状发散性分布，即以浙江省经济水平最好的 2 个城市：杭州和宁波为中心，向周边呈区域性块状扩散。在生态体系中，以第一类的杭州和宁波两个城市为中点，向周边扩散。形成第二类的绍兴、嘉兴和湖州，湖州和嘉兴邻近杭州市与上海市，绍兴处于杭州和宁波之间，成为接受一类地区扩散的首要目标。随后，向沿海地区扩散，形成第四类地区：舟山和台州。继续向西南内陆扩散形成第五类城市：金华、衢州和丽水，这三个城市的人均收入分列第 7 位～第 10 位。位列 GDP 人均收入最末的温州，自 20 世纪 80 年代以来，先后三次作为国家和省级金融改革试点地区，尽管经济发展相对滞后，但三次金融改革产生的金融制度体系、金融意识和金融交易习惯已经开始影响温州的金融生态体系。因而，该地区的金融生态环境相对较好，列第三类地区，排在舟山和台州之前。

农村金融生态体系质量好的地区，无论在地方政策的制定，还是在地方财政支出和吸引金融机构入驻等方面与周边地区相比，具有一定的比较优势。在中国现行的官员晋升制度激励机制下，地方经济的发展，尤其在通过地方性政策的刺激可实现的领域中，容易引起具有基本相似自然条件的周边相邻地区的效仿，形成地方性政策扩散机制，进而促进了相应的制度、政策、金融供给等相关要素的扩散，最终实现农村金融生态体系水平从高到低的扩散效应。在浙江省内，除西南部的金华、衢州和丽水等三市是山区外，其他地级市地形基本相似，拥有较长的海岸线，有利于地方性政策的扩散和生产要素的流动，便于形成以杭州和宁波为中心向周边地区辐射的浙江省农村金融生态体系扩散机制。

（三）地方财政的货币化补贴是提高农村社会福利的有效手段

农业补贴一直是被视为扶持农业发展的有效手段，一般都会产生正向效应，减少潜在福利的净损失（孙香玉等，2008）。但补贴差异会导致补贴力度大的地区农民福利增加，补贴力度小的地区农民福利相对减少较为显著（张伟等，2013）。因此，通过地方差异性财政补贴可以实现区域性福利均衡。如农业保险，农业的特殊性促使农业保险的供给和需求由市场规律自动调节达到均衡，这就使得农业保险具有准公共产品的特质，通过政府货币补贴达到市场均衡的目标。

浙江省临海的地理位置，成为全国农业保险风险系数最高的省区市之一。为了提高农业抗风险的能力，浙江省政府从 2006 年开始试行政策性农业保险，创建了"政策性农业保险共保体"的经营模式。险种以保大灾为主，包含了台风、洪涝、主要病虫害等，截至 2012 年底已扩大到 33 个政策性农业保险试点。表 6-4 中"农业保险赔付金额增长率"值为 -0.22，比"农业保险保费收入增长率"的 -0.55 要高。农业赔偿直接增加农民的额外收入，而支出的保费却是由中央、地方和农民三方支付，农民承担的比例越来越小，对农民的收入影响并不大，相关度相对较弱。如水稻的赔偿，从最初的每亩 400 元增长到 600 元，而保费从 2006 年农户自负比例的 50%，下降到 2012 年底的 7% 左右。说明保险赔偿增加了农民的绝对收入，保险的增长直接影响了农村金融生态体系的发展水平。从表 6-1 的"农村金融深化指数 2"为 0.89 比"农村金融深化指数 1"的 0.74 高出了 15%，表明政策性农业保险补贴为农村金融生态系统的贡献要大于农村信贷支持。这一结论与表 6-4 的结论相同。

农民的收入多少将直接影响农民的经济决策和经济行为，间接地为地方政府政策提出了要求，指出了改进的方向。因而，通过政府补贴农民的制度安排，将是有利于农村生态体系发展的最直接因素。

（四）增加农村金融机构供给量是农村金融生态系统质量的直接推动力

农业信贷补贴是发展经济学提倡的，主要原因是农业的收入低、周期长、不确定性强等，导致了商业性农村金融供给不能持续。中国大量金融机构相继撤离农村就是例证。加上工业化吸收了农村的大量资金，导致农村金融供给欠缺。建立非营利性的专业金融机构进行资金分配，引发了资金回收率低、使用效率低下等一系列矛盾，被证明并不成功（Ghatak，1999，2000；Ghatak and Guinnane，1999；Tsaael，1999）。因此，降低现行农村金融体系中不合理的金融安排因素，通过政府对农村金融市场监管应采取间接调控机制，提供定向扶持性的商业金融供给，能够在一定程度上解决这些问题。

在五个准则层中，状态（0.657257）和影响（0.658184）与综合评价指数的相关系数超过 0.65，这表明浙江省各地农村金融发展状态以及当地经济与金融之间的相互作用较能反映当地农村金融生态环境质量。而压力（-0.332692）与综合评价指数的相关系数仅为-0.33，表明农村金融生态环境与农村金融信贷需求之间负相关，在众准则层中为最低。这说明，浙江省的金融支持并没有达到一般性的资金供给作用，当地经济的拉动力和民间金融供给替代了正规金融供给的作用。因而，大力发展农村正规金融的供给，是现阶段培育良好农村金融生态系统的主要发展目标之一。

（五）民间金融和"影子"银行是正规金融的有益补充

在城市工业化过程中，大部分农村资金通过金融机构单方向地流向城市建设。出现刘易斯拐点后，现行制度体系中仍未产生工业"反哺"现象，加剧了农村建设资金的匮乏。在城市优先发展的政府战略中，农村经济发展对资金的需要催生了游离于金融机构之外的民间金融。随着民间借贷行为合法化和"影子"银行的增多，拓宽了农村金融供给的渠道，使正规金融得到了有效补充。显然，经过制度导向约束和有效监管，民间金融不仅能提高资金供给效率，促进经济增长，而且能促进市场竞争，实现资源供给优化，改进社会福利。

浙江省是一个民间金融发达的省份，非正规金融十分活跃。压力（P）与综合评价指数的相关系数仅为-0.33，金融供给与信贷需求存在负相关。农村贷款（正规金融供给）在金融营业网点覆盖率（0.71），对金融生态系统的影响要小于农村存贷比（0.87），表明正规金融供给与金融需求存在一定的"缺口"。而状态（S）和影响（I）与综合评价指数的相关系数则均超过0.65，见表6-4、表6-5，表明农村的金融供给对当地经济发展表现出较好的促进作用。这就说明，资金"缺口"并不存在，唯一可能的解释就是活跃的民间临时借贷行为和"影子"银行填补了这个"缺口"。

(六) 制度设计是农村金融生态体系的直接影响因素

发展中国家的金融市场不是一个完全竞争的市场，由于信息不对称或不完全，很难培育出一个支撑农村市场需要的金融市场。为了弥补市场的失效部分，引入制度设计就成为必要。地方性政策的设计和持续性能够在很大程度上保障和改善地方农村经济，促进地方农村金融生态体系的完善。通过引进外部制度设置，能够完善基础性制度设计，保证所有参与这个市场的主体能够公平公正地进行交易（易宪容，卢婷，2006），进而提高地方性农民收入，为完善区域性农村金融生态体系提供经济制度保障。外部契约性交易的介入，能够避免地方性制度体系的"寻租"行为，调整制度执行不力、漏洞等导致的"跛足"政策，以及由于政策倾斜产生的制度执行懈怠。

契约选择是实现社会公平的基本保障。金融生态核心的基础性制度，无论是从社会公平公正的角度来看，还是从订立合约的前提来看，必须先保证所有参与这个市场的主体能够公平、公正地进行交易。如果交易时的初始权力设置不平等，即合约订立的双方地位处于不平等的地位，那么，这种交易就可能是效率低下或者是无效率的，就有可能使一方利益为另一方所侵犯，所订立的合约得不到保护。由于基础性制度的不可选择性，在非公平的交易平台上，市场的参与者也无法通过选择。因此，通过设计基础性农村金融制度体系的弹性，扩大金融市场的兼容度，将民间金融和"影子"银行纳入正规监管体系，扩大弹性边界区域，这样就能达到稳定市场的目的，保障农村金融市场顺利运转。

(七) 金融深化是农村金融生态体系的决定要素

在农村金融生态体系中,熵值排在前五位中的有三个是金融指标:存贷比(0.94)、人均城乡居民储蓄余额(0.92)和农业保险保费收入增长率(0.91),显然,金融因素对构建农村金融生态体系具有举足轻重的作用。金融深化(0.74)排在倒数第七位,说明农村的资金供给总量不够,需要通过增加农村金融机构数量并减少农村资金流出增加资金的存量,缓解农村资金需求的压力。

金融深化是金融发展的具体体现,它标志着区域金融发展的成熟度和完善度。它与金融生态环境具有正相关关系。金融深化程度高的地区的金融生态环境随之优化反之则反是。金融深化程度较好的地区能够与地方经济发展形成良性循环,为地方的农村经济建设提供更多的资金支持。同时,可以通过金融政策增加金融供给。但是,反向的经济行为就会降低、减缓农村金融深化的程度,如第一产业的低投入和低增长、农民的低收入和较低的征信水平,以及较低的地方财政投入和政策限制等。严重的金融抑制不能为农村经济发展提供充足的金融支持,两者互相阻碍、相互牵制,最终演化成恶性循环。

农村的金融支持除了一般性的金融机构,如农村信用社外,新设立的村镇银行、互助会以及其他带有金融性质的机构,是政府制度供给的产物。从金融供给上为"三农"发展提供资金上的支持,从促进农业发展、提高农村经济发展水平入手,带动农民收入提高,最终促进整个农村的整体发展。同时,"三农"获得资金支持的程度及利用效果,也是金融深化的具体体现和"试金石"。针对金融扩散过程中出现的各类问题,则可利用后期的金融制度供给调整和金融创新来弥补,最终达到边际效应最大化。因而，金融深化可以促进"三农"发展，但反过来，"三农"发展也可能阻碍金融深化。

（八）政府行为是连接金融深化与"三农"的纽带

导向明确的国家政策和地方政府行为，是保障和理顺农村金融生态体系发展的重要手段。地方性财政支出（0.87）、一般性公共服务支出（0.77）等指标的高权重，显示了政府在农村金融生态体系发展中的重要性。在中国工业化过程中，城市发展挤占农村发展资金，存贷比（-0.55）和农村存贷比（0.29）两个指标表明，农村的资金仍然在为城市建设提供金融支持，而非用于农村经济的发展。积极的政府行为将会促进区域金融生态环境发展，这一点与李杨（2005）的研究结论一致。政府可以通过政策导向、鼓励引导农民逐步改变日常收入的流向，以及政策规制使农村资金主要用于农村建设而不是流向城市。

导向性的政策对农村金融生态系统有着至关重要的影响，尤其是目前农民的支出和资金用途仍主要用于传统消费（0.70），如婚嫁丧娶等，对生产资料和固定投资的再投资没有明确的规划，见表6-4，不能形成可持续发展的消费行为。这就需要政府在明确发展规划后，出台导向性政策并实施导向性非政策性行为，包括非生产性投入，引导当地农民的资金使用方向，树立具有发展性的投资理财理念，达到从根本上改变农民的经济行为，最终实现农村经济的可持续发展，最终培育出健康的农村金融生态体系。

"三农"是体现政府政策效果、金融支持的最终表现和实现载体，也能反馈政府行为的有效性和金融深化的水平，为下一轮的政策改进和金融深化提供参考。"农村、农业、农民"

三者分别得到来自政府引导性政策和支持性政策、财政支出水平的影响，能够在政策和制度的影响下，朝着政府规划的方向发展。经过一段时间，再通过系列指标考察政策的有效程度，缺陷部分通过微调或后期修正再在实践中进行检验。可见，政府行为与"三农"的作用是互逆的。

政府行为是纽带，一端通过行政行为引导和规范农村经济的发展；另一端联结金融制度促进金融深化。金融深化一方面，来自政府的制度供给促进；另一方面，来自农村金融市场的需求和推动。同时，利用市场的反馈和金融创新为农村金融生态体系提供了可持续的良性资金。"三农"作为金融深化和政府行为的最终目标，既是两者作用的对象，也是对两者作用的反馈主体，促使两者及时调整，最终形成有效的、可循环的、持续的农村金融生态体系。

第三节 丽水市农村金融生态体系的构建与评价

随着中国经济整体的发展，农村经济发展成为中国经济改革的一个"瓶颈"，"三农"问题已经连续十余年成为"一号文件"关注的内容。农村土地产权的模糊、融资体系的不完善以及制度支持的力度不够，这些因素在一定程度上制约了农村经济的发展，滞后于中国经济体制改革，如何通过政府诱导性制度供给促进农村金融生态体系的改革发展，形成"三农"、政府行为和金融深化三者相互促进、循环流动就成为迫切需要解决的一个问题。

第六章　差异性资本供给的若干理论诠释与对策

一、丽水市金融改革概况

丽水市自2003年开始进行金融改革以来，围绕着林权改革展开了林农小额循环贷款、林权直接抵押贷款、森林资源收储中心担保贷款等三种林权抵押贷款新模式。2012年被列为中国农村金融试点改革以来，初步建立了农户信用体系，开展农村互助机构及合作信用担保。丽水市在全国率先形成了"机制最健全、运作最规范、品种最齐全、受惠最广泛"的林权抵押贷款模式——"丽水模式"。

所谓"丽水模式"的信贷支农、信用惠农、支付便农、创新利农的四项金融惠农工程，创造性地发展了农村信用体系的建设，并运用到农村信贷模式上取得了良好的成效，为其他农村地区信用体系的建立提供了借鉴的模板，也为促进丽水市金融生态体系的发展发挥了积极的推动作用。丽水市通过构建具有地方特色的农村信用体系，在一定程度上弥补了农村金融市场普遍存在银行与农户信息不对称问题，有效地缓解了"贷款难"问题，促进了当地农村金融生态体系的建立，将外部问题有效地内生化了，并在一定程度上得到解决。

抵押物权定性是银行进行贷款评估的关键性因素，也是困扰农村融资难问题的关键性因素。随着农村林权改革和宅基地抵押物权改革的深入，农村融资难问题得到一定程度地缓解，但"三农"问题没有从根本上解决。要想彻底改善农民生活，即从根本上解决"三农"问题，需要政府政策、金融支持和"三农"三者形成一个可循环可逆的金融生态体系（张萍，2015）。农村金融改革的目标是通过政府制度供给的增加，农村金融供给的增加，改善农村金融生态环境，进而改善农民生活环境，最终从根本上解决"三农"问题，达到促进农村经济发展的目标。本节尝试采用2010~2016年6月底的数据，运用FAHP模型构建包括目标层、准则层和准则层下相应的指标体系三个层次共25个指标的FAHP模型金融生态评价体系，对丽水市农村金融生态体系进行评价，以得出一定的结论。

二、丽水市农村金融生态体系的发展

丽水市自1980年以来，先后三次成为农村金融改革的试点，2012年作为国家农村金融改革的试点后，在原有基础上，农林产权改革、信用担保、农村互助等方面成为改革的重点。经过五年的发展，丽水市农村金融体系在融资抵押范围、地方政府政策供给、信用担保体系等方面取得了一系列令人瞩目的成绩。

农村金融生态体系的发展是相互联系和相互影响的。丽水的改革影响着周边地区，同样，周边地区的普惠政策也影响丽水的农村金融生态体系。浙江省先后于2013年7月，在全省范围内推动开展浙江农信普惠金融工程三年行动计划，2015年结束。2016年，再次推动农信普惠金融提升工程五年行动计划。在丽水的改革示范作用下，全省的农村金融生态体系在逐步发展趋好。进而推动全市经济增长，由此可见，丽水市自2001年以来，经济增长呈正向态势，这与当地的农村金融生态体系密切相关，见表6-5。

表 6-5　　　　丽水市 2001~2016 年 GDP 的变化　　　单位：亿元

年份	2001	2002	2003	2004	2005	2006	2007	2008
GDP	158.97	185.10	218.19	262.75	300.31	355.40	425.3	505.68
年份	2009	2010	2011	2012	2013	2014	2015	2016
GDP	542.02	644.04	748.37	885.17	983.08	1051	1102	1200

资料来源：根据《浙江省统计年鉴》的相关数据整理计算而得。

1. 融资抵押范围逐渐扩大

在中国农村产生"贷款难"问题的根源在于，农村土地集体所有制的产权制度与借贷行为契约制度的市场经济属性之间的直接冲突。因而，从制度上明确农村的部分产权是破解金融供给中"抵押物"问题的关键。随着农村"林权抵押""宅基地抵押"和"土地流转经营权"等明确农村产权制度的政策逐步推出。

丽水市的山林面积达 2151 万亩，占浙江省的 1/4。[①] 丽水市在早在 2006 年就已经开始推行了林权抵押贷款，[②] 但银行缺乏相应的不良贷款处理机制。为了解决这一问题，丽水市政府出资创立了森林资源收储中心，为农村企业和农户贷款提供担保，并根据贷款余额提取风险补偿金，这样就解决了金融机构的后顾之忧。截至 2016 年 10 月底，[③] 丽水全市的林权抵押贷款余额为 52.6 亿元，占比超过全国的 5%，不良率仅为 0.13%。此外，丽水还创造性地拓展了村级互助担保体系，通过"村民入一点，集体出一点，政府补一点"的方式为农民提

[①] 《丽水统计年鉴》2006。
[②] 《2006 丽水市国民经济和社会发展统计公报》，丽水统计信息网网址：http://tjj.lishui.gov.cn/sjjw/tjjw/tjgb/t200911/t20091110_448317.htm.
[③] 根据丽水市政府金融办公布数据整理。

供贷款融资。如丽水市松阳县上安村的村级互助担保组织在 2016 年第二季度末的贷款额为 121 万,不良贷款率为零。[①]

显然,丽水市在现有国家政策的基础上,通过各种形式的完善、补充,能够从本质上夯实农村金融服务,真心实意地为农民提供服务。

2. 地方政府的政策供给支持

中国农村金融改革从本质上来说,是自上而下的改革。中央政府提供政策指导,沿着政策实施通道延伸到最基层的村镇,如何落实金融改革措施或者地方政府通过多种途径保障改革措施的实施,成为不同区域金融改革绩效差异的关键。

丽水市政府对当地农村金融基础服务设施,包含法制环境、信用体系建设、支付环境建设、担保体系和多功能农村金融服务站等,提供了不可忽视的支持作用。(1)扶持农村信用体系的建立。丽水市抽调 1.73 万名干部参与农户信用信息采集工作,进行农户信用等级评价,实现全市行政村信用评价、农民信用评级 100% 覆盖,为后期的信用担保体系提供了良好的基础。[②] (2)增加地方政府补贴。在村级互助担保体系中,通过政府补贴,构建融资体系,为农民提供贷款融资保障。采用财政划拨专项资金的方式,对林权抵押贷款进行贴息。如林业抵押贷款利率上浮幅度原则上不超过 50%,对 2 万元以下的小额林权抵押贷款执行基准利率,差额部分由财政补贴。[③]

---

① 数据根据丽水市政府金融办公布数据整理。
② 盘活"三权"润"三农". 见新华网. http://www.xinhuanet.cn/food/2017-01/06/c_1120256543.htm.
③ 关于全面推广"林权 IC 卡",进一步深化金融支持集体林权制度改革的若干意见. 丽水市人民政府网站. http://www.lishui.gov.cn/zwgk/zwxxgk/002645562/4/sfbwj/201706/t20170619/2144904.html.

3. 农村信用担保系统的逐步完善

健全的农村金融信用担保体系，对于破解农户"贷款难"与金融机构"难贷款"问题具有重要的现实意义（韩喜平，金运，2014）。由于农村的产权很难进行金融量化，尽管丽水及中国在农村宅基地、林权量化的改革取得一定成效。因而，信用担保就成为至关重要的一个部分。

（1）建立了农民信用体系。

2009年，抽调1.73万名干部深入基层参与采集农民信用数据，已实现了丽水市行政村信用评价覆盖面100%，农户信用评价面100%。人民银行对采集到的数据进行信用等级评价，研发出了农户信用信息数据库。在此基础上，丽水市政府开始实行"三联评""三联动"和"三联手"，① 为缓解农民"贷款难"提供了可供参考的信用评价体系。

（2）发展了互助担保基金。

从2012年3月进入全国农村金融改革试点以后，这种担保体系得到进一步细化，并推行到村。② 如丽水市松阳县上安村建立了村级互助担保基金，通过"村民入一点，集体出一点，政府补一点"的方式，截至2016年一季度末该村的担保基金达到121万，不良贷款率为零，这样就有效地解决了农村融资问题。③

国家政策在宏观上的支持、地方政府微观上引导和地方

---

① "三联评"是指，资产评估、信用等级评价和授信额度评定等三个联合评估；"三联动"是指，信用贷款、抵押贷款和联保贷款等三者联动；"三联手"是指，政府、银行和农户联手。

② 见丽水市人民政府网站. http://www.lishui.gov.cn/zwgk/zfgh/201203/p020160702570911902445.htm.

③ 根据丽水市政府金融办公室公布的资料整理。

财政资助三者完成了宏观层面的制度设计和财政扶持。农民信用体系及农民信用担保体系的初步建立，为构建一个新型的可持续发展的农村金融生态体系提供了最基本，也是最重要的契约基础。政策供给、财政支持和信用基础三者的构建，为促进丽水地区的经济持续增长提供了良好的金融环境。如图6-2丽水市GDP自2001年呈持续增长态势，与良好的金融生态体系的建立密不可分。

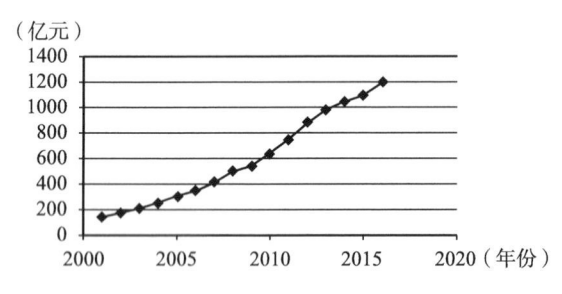

图6-2 丽水市2001~2016年GDP的变化

资料来源：根据《浙江省统计年鉴》和丽水市统计局的相关数据整理计算而得。

在2012年实行农村金融改革试点以前，丽水市政府针对农村信用体系缺失，银行"难贷款"与农民"贷款难"的矛盾，丽水市从农户信用等级评价入手，采取"政府支持、人行主导、多方参与、共同受益"的模式，抽调1.73万名干部参与农户信用信息采集工作。[①] 截至2012年第一季度末，丽水市行政村信用评价面达到100%，农户信用评价面达到92%，共

---

① 盘活"三权"润"三农"。见新华网. http://xinhuanet.cn/food/2017-01/06/c-1120256543.htm.

有32.01万信用农户获得了金融机构94.21亿元授信,并有14.35万信用农户获得了116.65亿元信用贷款,[1] 从2012年3月开始进入农村金融改革试点以后,这种金融评价与担保体系得到进一步细化。

由此可见,在农村担保体系建立的过程中,政府的支持和政策的倾斜引导是至关重要的。政府资金的补助是不可或缺的,从这一角度来看,经济发达地区的普惠金融的实施将会优于经济欠发达地区。

(3)信用惠农的丽水市模式。

截至2012年一季度,全市行政村信用评价面达到100%,农户信用评价面达到92%,共创建信用村758个、信用乡(镇)28个、信用社区11个,云和县被评为全省首个"信用县";全市评定信用农户32.79万户,已有32.01万信用农户获得了金融机构94.21亿元授信,并有14.35万信用农户获得116.65亿元信用贷款,真正实现了"信用很珍贵、证件(信用证)不浪费、农民得实惠"的目的。[2]

(4)支付便农的丽水市样本。

针对农村金融网点少,农民各种涉农补贴存在"取现难"的问题,丽水市在国内率先以地级市为单位开展"银行卡助农取款服务"试点。通过在该市行政村指定商店设立助农取款服务点,以"POS机+验钞机+保险箱"的简便模式,推行各种涉农补贴发放、小额取现和缴费业务的"一卡通",实现农户足不出村就可以支取养老、医保等涉农补贴资金,打通涉农补

---

① 根据丽水市统计局公布的资料整理。
② 根据丽水市金融办公布的季度数据整理。

贴资金发放的"最后一公里"。① 至2012年4月末，按照"逐步进步"原则，全市已在2114个行政村设立了助农取款服务点，累计办理小额取现36.78万笔、金额7190万元，惠及全市百万市民，在全国率先完成"银行卡助农取款服务"农村全覆盖。②

（5）创新利农的丽水市融资特色。

丽水市各金融机构创新推出茶园抵押贷款、石雕抵押贷款、香菇仓单质押贷款等金融支农特色业务，截至2014年底累计发放贷款6538笔，贷款余额11.23亿元，③ 有效地拓宽了农民的融资渠道，支持广大农民创业创新，促进城乡统筹发展和新农村建设。推动农村保险业务创新，扩大政策性农业保险覆盖面。2011年，全市政策性农村住房保险保费收入810.98万元，参保率95.87%，赔款金额976.96万元，赔付率120.47%。政策性农业保险保费收入1003.50万元，参保率70.07%，赔款金额662.31万元，赔付率66.00%。④

通过实行资产评估、信用等级评价、授信额度评定"三联评"，信用贷款、抵押贷款、联保贷款"三联动"，政府、银行、农户"三联手"，农民家的东西值钱了，农民足不出村就能取钱了，银行敢于把钱贷给农民了，取得了"农民如意、商户乐意、银行愿意、政府满意"的多方共赢。

正是因为丽水市自2003年金融改革取得的成就，在2012年成为了中央农村金融改革试点，围绕着"农业增效、农村发

---

①② 根据丽水市政府公布的资料整理。
③ 见丽水市统计信息网站．http：//tjj.lishui.gov.cn/sjjw/ndsj/201504/t20150409_448270.htm.
④ 丽水市统计信息网．http：//tjj.lishui.gov.cn/sjjw/201304/2013040/_448268.htm.

展和农民增收"的问题，先后出台了一系列改革措施，先后在林权改革、宅基地产权改革、信用改革、政府政策保障等方面为改善农村金融生态环境提供了制度保障。从金融供给的角度进行了改革，构建一个可持续发展的、健康的农村金融生态体系，为促进农业发展、农村改善和农民富裕提供了金融支持。

三、指标说明与描述

本节采用模糊层次分析法（FAHP）对丽水农村金融改革构建一个金融生态评价指标体系，分为目标层 A、准则层 B 和指标层 C，见表 6-6。

表 6-6　丽水农村金融生态系统的指标体系层次

目标层 A	准则层 B	指标 C
	准则层 B_1： 农村经济的发展	C_{11}：产业结构化； C_{12}：第一产业增加值； C_{13}：农村居民恩格尔系数； C_{14}：农村的投资总额占财政收入比
	准则层 B_2： 农村金融产品、 金融服务以及 金融市场的发展	C_{21}：金融投资产品种类； C_{22}：大型农机具抵押的发展； C_{23}：保单质押贷款的发展； C_{24}：银行卡助农取款机数量； C_{25}：第一产业保险覆盖率； C_{26}：农村医疗合作覆盖率； C_{27}：农村金融资产占 GDP 总量的比率； C_{28}：金融机构的覆盖度； C_{29}：储蓄投资转化率； C_{30}：金融机构监管力度

续表

目标层 A	准则层 B	指标 C
	准则层 B_3：农村信用平台建设的发展	C_{31}：金融系统涉农贷款余额； C_{32}：林权 IC 卡建档比例和林农贷款授信额度； C_{33}：涉农金融机构贷款不良率； C_{34}：农户信用信息采集建档率和所获授信总额度； C_{35}：林权抵押贷款金额； C_{36}：林权勘界完成比例和发放林权证比例
	准则层 B_4：农村金融法律和金额制度的发展	C_{41}：农村宅基地和其他物品抵押的可操作性； C_{42}：《中华人民共和国破产法》的健全程度； C_{43}：第一产业风险补偿机制完善度； C_{44}：国家征信系统的可进入性； C_{45}：自下而上制度安排的可突破性； C_{46}：存款准备金率和存贷利率对农优惠政策； C_{47}：财税惠农政策
	准则层 B_5：其他相关发展情况	C_{51}：金融创新的进程； C_{52}：风险防范的开展； C_{53}：农村教育投入占 GDP 总量比例； C_{54}：农村社保的发展

四、实证分析

(一) 建立层次分析图

根据第 5 章所构建的丽水农村金融生态系统发展的指标体系层次表，画出图 6-3 的指标体系层次分析图。

(二) 构造优先关系模糊互补矩阵

根据上述层次关系图，通过模糊数学中的语气词和 0.1～0.9 标度，如表 6-7 所示，来建立 A-B 和 B-C 的优先关系

第六章 差异性资本供给的若干理论诠释与对策

模糊互补矩阵。①

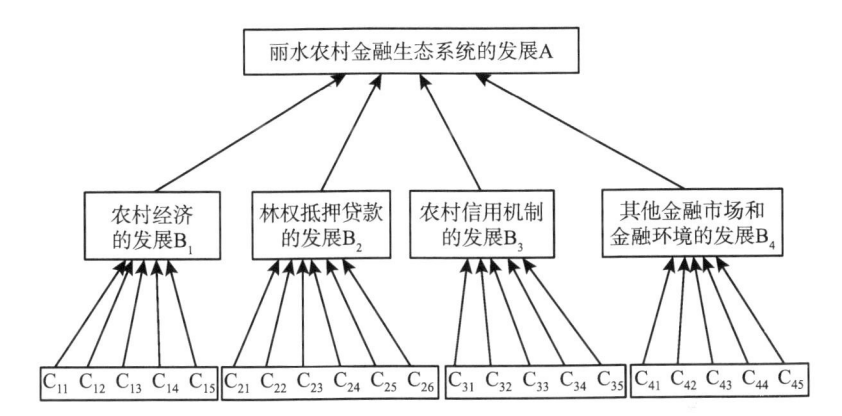

图 6 - 3　丽水农村金融生态系统的发展层次

表 6 - 7　　　　　　0.1 ~ 0.9 标度对照

标度（以 $c_i : c_j$ 为例）	含义	说明（对于准则层 B）
0.5	等同	C_i 与 C_j 对于 B 同样重要
0.6	稍微强	C_i 比 C_j 略微重要
0.7	明显强	C_i 与 C_j 相比，明显重要
0.8	极其强	C_i 对于 C_j 来说，是极其重要的
0.9	绝对强	C_i 对于 C_j 来说，占绝对地位
0.1, 0.2, 0.3, 0.4	反比例	$C_{ji} = 1 - C_{ij}$

A - B 的优先矩阵如下：

---

① 在 $C = (c_{ij})_{n \times n}$，$0 < c_{ij} < 1$，$c_{ij} + c_{ji} = 1$ 的条件下，称为模糊互补矩阵。

$$\begin{bmatrix} 0.5 & 0.8 & 0.7 & 0.6 \\ 0.2 & 0.5 & 0.4 & 0.6 \\ 0.3 & 0.6 & 0.5 & 0.7 \\ 0.4 & 0.4 & 0.3 & 0.5 \end{bmatrix}$$

B – C 的优先矩阵分别如下：

$$\begin{bmatrix} 0.5 & 0.4 & 0.2 & 0.1 & 0.3 \\ 0.6 & 0.5 & 0.3 & 0.2 & 0.4 \\ 0.8 & 0.7 & 0.5 & 0.3 & 0.6 \\ 0.9 & 0.8 & 0.7 & 0.5 & 0.8 \\ 0.7 & 0.6 & 0.4 & 0.2 & 0.5 \end{bmatrix} \qquad \begin{bmatrix} 0.5 & 0.5 & 0.4 & 0.3 & 0.3 & 0.1 \\ 0.5 & 0.5 & 0.4 & 0.4 & 0.3 & 0.1 \\ 0.6 & 0.6 & 0.5 & 0.2 & 0.4 & 0.2 \\ 0.7 & 0.6 & 0.8 & 0.5 & 0.7 & 0.4 \\ 0.7 & 0.7 & 0.6 & 0.3 & 0.5 & 0.3 \\ 0.9 & 0.9 & 0.8 & 0.6 & 0.7 & 0.5 \end{bmatrix}$$

$B_1 - C$ $\qquad\qquad\qquad B_2 - C$

$B_3 - C$

$$\begin{bmatrix} 0.5 & 0.3 & 0.2 & 0.5 & 0.2 \\ 0.7 & 0.5 & 0.3 & 0.6 & 0.3 \\ 0.8 & 0.7 & 0.5 & 0.9 & 0.6 \\ 0.5 & 0.4 & 0.1 & 0.5 & 0.2 \\ 0.8 & 0.7 & 0.4 & 0.8 & 0.5 \end{bmatrix} \qquad \begin{bmatrix} 0.5 & 0.4 & 0.8 & 0.9 & 0.8 \\ 0.6 & 0.5 & 0.8 & 0.9 & 0.7 \\ 0.2 & 0.2 & 0.5 & 0.4 & 0.2 \\ 0.1 & 0.1 & 0.6 & 0.5 & 0.3 \\ 0.2 & 0.3 & 0.8 & 0.7 & 0.5 \end{bmatrix}$$

$B_4 - C$

（三）形成模糊一致判断矩阵

由于决策者的主观偏好对各个指标或准则的优先关系考虑并不一致，因此上述得出的模糊优先关系互补矩阵可能存在弱一致性或不一致性。这就需要对上述矩阵进行转化，确保其形成一致性判断矩阵。而关于模糊一致判断矩阵有如下定义：

对于模糊互补矩阵 $P = (P_{ij})_{n \times n}$，如果 $\forall i, j, k \in I$，$i \neq j \neq k$，有 $p_{ik}p_{kj}p_{ji} = p_{ki}p_{jk}p_{ij}$，那么，该互补矩阵就是一致判断矩阵。

因此，只需要对互补矩阵进行如下数学运算：①

$$r_{ij} = \sum_{l=1}^{n} p_{il} / \sum_{l=1}^{n} (p_{il} + p_{jl}), \forall i, j \in I \quad (6-1)$$

运用式（6-1），对 A-B、B-C 共计 5 个优先关系互补矩阵进行转化，得到如下矩阵：

A-B 的模糊一致矩阵如下：

$$\begin{bmatrix} 0.5000 & 0.6047 & 0.5532 & 0.6190 \\ 0.3953 & 0.5000 & 0.4474 & 0.5152 \\ 0.4468 & 0.5526 & 0.5000 & 0.5676 \\ 0.3810 & 0.4848 & 0.4324 & 0.5000 \end{bmatrix}$$

B-C 的模糊一致矩阵分别如下：

B_1-C

$$\begin{bmatrix} 0.5000 & 0.4286 & 0.3409 & 0.2885 & 0.3846 \\ 0.5714 & 0.5000 & 0.4082 & 0.3509 & 0.4545 \\ 0.6591 & 0.5918 & 0.5000 & 0.4394 & 0.5472 \\ 0.7115 & 0.6491 & 0.5606 & 0.5000 & 0.6066 \\ 0.6154 & 0.5455 & 0.4528 & 0.3934 & 0.5000 \end{bmatrix}$$

B_2-C

$$\begin{bmatrix} 0.5000 & 0.4884 & 0.4565 & 0.3621 & 0.4038 & 0.3231 \\ 0.5116 & 0.5000 & 0.4681 & 0.3729 & 0.4151 & 0.3333 \\ 0.5435 & 0.5319 & 0.5000 & 0.4032 & 0.4464 & 0.3634 \\ 0.6379 & 0.6271 & 0.5968 & 0.5000 & 0.5442 & 0.4568 \\ 0.5962 & 0.5849 & 0.5536 & 0.4558 & 0.5000 & 0.4133 \\ 0.6769 & 0.6667 & 0.6366 & 0.5432 & 0.5867 & 0.5000 \end{bmatrix}$$

---

① 证明见附录。

$B_3 - C$

$$\begin{bmatrix} 0.5000 & 0.2881 & 0.3269 & 0.5000 & 0.3469 \\ 0.7119 & 0.5000 & 0.4068 & 0.5854 & 0.4286 \\ 0.6731 & 0.5932 & 0.5000 & 0.6731 & 0.5224 \\ 0.5000 & 0.4146 & 0.3269 & 0.5000 & 0.3469 \\ 0.6531 & 0.5714 & 0.4776 & 0.6531 & 0.5000 \end{bmatrix}$$

$B_4 - C$

$$\begin{bmatrix} 0.5000 & 0.4928 & 0.6939 & 0.6800 & 0.5763 \\ 0.5072 & 0.5000 & 0.7000 & 0.6863 & 0.5833 \\ 0.3061 & 0.3000 & 0.5000 & 0.4839 & 0.3750 \\ 0.3200 & 0.3137 & 0.5161 & 0.5000 & 0.3902 \\ 0.4237 & 0.4167 & 0.6250 & 0.6098 & 0.5000 \end{bmatrix}$$

(四) 单层次排序

在形成上述指标层对准则层、准则层对目标层的模糊一致矩阵后,再计算每个准则和指标的相应权重,对其进行层次单排序。本章中采用如下计算公式,进行矩阵层次单排序:

计算结果见表6-8~表6-12。

表6-8　　　　　　　　矩阵层次单排序

A - B	S_1	S_2	S_3	S_4
$s_i = (\prod_{j=1}^{4} r_{ij})^{\frac{1}{4}}$	0.1035	0.0456	0.0701	0.0399
$W_0 = (0.3996, 0.1758, 0.2704, 0.1541)^T$				

第六章 差异性资本供给的若干理论诠释与对策

表 6-9　矩阵层次单排序

$B_1 - C$	S_1	S_2	S_3	S_4	S_5
$s_i = (\prod_{j=1}^{5} r_{ij})^{\frac{1}{5}}$	0.0081	0.0186	0.0469	0.0785	0.0299

$W_{11} = (0.0445, 0.1022, 0.2576, 0.4314, 0.1643)^T$

表 6-10　矩阵层次单排序

$B_2 - C$	S_1	S_2	S_3	S_4	S_5	S_6
$s_i = (\prod_{j=1}^{6} r_{ij})^{\frac{1}{6}}$	0.0053	0.0062	0.0095	0.0296	0.0182	0.0458

$W_{12} = (0.0460, 0.0539, 0.0825, 0.2591, 0.1588, 0.3997)^T$

表 6-11　矩阵层次单排序

$B_3 - C$	S_1	S_2	S_3	S_4	S_5
$s_i = (\prod_{j=1}^{5} r_{ij})^{\frac{1}{5}}$	0.0082	0.0363	0.0702	0.0118	0.0582

$W_{13} = (0.0442, 0.1968, 0.3802, 0.0637, 0.3152)^T$

表 6-12　矩阵层次单排序

$B_4 - C$	S_1	S_2	S_3	S_4	S_5
$s_i = (\prod_{j=1}^{5} r_{ij})^{\frac{1}{5}}$	0.0670	0.0711	0.0083	0.0101	0.0336

$W_{14} = (0.3524, 0.3737, 0.0438, 0.0532, 0.1769)^T$

（五）建立总层次排序表

对以上计算出来的各个权重进行整理，得到如下总层次排序表，见表6-13。

表6-13　丽水农村金融生态系统发展的总层次排序

	B_1 0.3996	B_2 0.1758	B_3 0.2704	B_4 0.1541	C层单层排序	C层指标排名
C_{11}	0.0445				0.0178	
C_{12}	0.1022				0.0408	
C_{13}	0.2576				0.1029（2）	2
C_{14}	0.4314				0.1724（1）	1
C_{15}	0.1643				0.0656	
C_{21}		0.0460			0.0081	
C_{22}		0.0539			0.0095	
C_{23}		0.0825			0.0145	
C_{24}		0.2591			0.0455（2）	
C_{25}		0.1588			0.0279	
C_{26}		0.3997			0.0703（1）	5
C_{31}			0.0442		0.0120	
C_{32}			0.1968		0.0532	
C_{33}			0.3802		0.1028（1）	3
C_{34}			0.0637		0.0172	
C_{35}			0.3152		0.0852（2）	4
C_{41}				0.3524	0.0543（2）	7
C_{42}				0.3737	0.0576（1）	6
C_{43}				0.0438	0.0068	
C_{44}				0.0532	0.0082	
C_{45}				0.1769	0.0273	

五、小结

根据表6-13得出的丽水市农村金融生态发展的总层次排序，可以得出每个准则层中相应的指标对总目标层的重要度（排出8个最重要的指标），这就给丽水农村金融改革提供了定量的指标路径：分别从农村经济、林权抵押贷款、信用机制、其他金融市场和环境四个方面的7个指标着重进行改革，以此加强对丽水农村金融生态系统的建设。

丽水市的重要任务之一就是紧抓农村经济的发展，提高农民的生活水平：

（1）从总层次排序表中可以明显地看出，排在第一位的"农村居民恩格尔系数"的权重远远超过其他指标的权重，而排名第二的"农民人均纯收入"也是反映农民生活水平的一个重要指标。

这说明，在农村生态金融发展的过程中，农民生活水平指标占据重要地位，离开了高质量的生活水平，也无从发展金融事业。

（2）在紧跟第二位之后的"信用农户占应评农户比例"反映了在整个金融生态系统中信用机制是何等重要。

在进入无纸化金融时代后，对金融消费者授信的唯一标准就是信用。因此，只有对农户进行足够的信用信息采集并登记入库后，才能保障丽水市农村金融信用机制的完善。另外，丽水的小额金融机构无法进入国家征信系统，也是阻碍其信用机制健康发展的重要因素。在表6-6中，"国家征信系统的可进入性"权重达到0.0852，说明了丽水在本次改革中需要对本指标进行重点突破。

（3）由于丽水市的林权抵押贷款起步相对较早、发展较快，因此，在总层次排序表中，准则层（林权抵押贷款的发展）的重要性排在"农村经济的发展"和"农村信用机制的发展"之后。虽然丽水市的林权抵押贷款已取得了不小的成绩，但仍然需要继续改进和加强。从表6-13中可以看到，"林权抵押贷款的风险补偿机制完善度"这一指标是在其所在准则层中排名第一的,这就需要丽水市在改革中,加大对林权抵押风险补偿资金的投入量,进一步完善风险补偿机制。

(4)表6-13显示,林权抵押贷款风险补偿机制的完善度、《中华人民共和国破产法》和《中华人民共和国担保法》的健全度这两个关于国家法律和政策的指标进入前8位。这就意味着,丽水市作为全国首个农村金融改革示范点,应该在对金融产品和金融服务改革之余,尝试自下而上对制度安排进行突破。

第四节　地方性资金对新型城镇化供给效应的对策

在2014年3月16日,中共中央、国务院印发的《国家新型城镇化规划(2014—2020年)》成为在今后一个时期指导全国城镇化健康发展的宏观性、战略性、基础性规划。城镇化是现代化的必由之路,是解决农业、农村、农民问题的重要途径,是推动区域协调发展的有力支撑,是扩大内需和促进产业升级的重要抓手,具有重大的现实意义和深远的历史意义。

一、规范制度供给

第一,制定法律、法规。规范地方政府的融资运作,使得城镇化建设投资渠道的运作更加规范,为参与方提供法律保障。

第二,浙江省政府需要积极地开展PPP融资模式的推进,明确政策。PPP项目需要财政、税收、金融等多方面的政策支持,对于采用 PPP 模式的项目应当给予相应的优惠政策,以吸引更多私营部门资金投入基础设施项目。

第三,降低 PPP 项目资金进入的门槛,使得民间资本和金融机构更加积极、快速地投入新型城镇化建设中去,并且完善民间资本的退出机制,积极完善 PPP 项目库,为民间资本提供保障。从更深层次来说,一些地方政府必须转变思路,从事必躬行的观念转变成项目外包的思路,将项目通过 PPP 项目的方式,交给专业人员进行开发管理,从而达到绩效最优。

二、体制改革,转变职能

第一,发挥市场机制的作用。

一是建立政府主导、市民参与的政治模式。凡是有关城镇化建设的大事小事,执行之前必须先问卷调查,征得民意的许可;二是规范和约束政府行为,弱化行政干预力度,当好"服务员";三是学习和运用现代经营城市理念,解决城镇化的土地供给、融资供给和环境保护等问题;四是不断完善城镇功能,引导各市场主体通过合理、有序的竞争,提供质优价廉的服务。

第二,实现人的城镇化和市民化。

一是将土地和农民进城取得户籍落户挂钩,撤销以户籍登记为核心的人口管理方式,改为以居住登记为主的人口管理方式。二是充分尊重农民在进城或留乡问题上的自主选择权,切实保护农民承包地、宅基地等合法权益。三是把有稳定劳动关系并在城镇居住一定年限的农民工及其家属逐步转为城镇居民。四是对暂时不具备在城镇落户条件的农民工,以流入地全日制公办中小学为主,保证农民工随迁子女平等接受义务教育,并做好与高中阶段教育的衔接。五是将与企业建立稳定劳动关系的农民工纳入城镇职工基本养老保险和医疗保险。六是建立农民工基本培训补贴制度，统筹农民工培训资金。七是多渠道、多形式改善农民工居住条件，鼓励采取多种方式将符合条件的农民工纳入城镇住房保障体系。

第三，改革财税制度，建立合理的地方政府事权财权体系。

一是允许城镇政府发行市政债，如项目型地方政府债券等，并建立有效的监督约束机制。二是明确中央和地方的事权划分及相应的税收收入划分，使地方政府的财权和事权更为对等。三是结合新型城镇化带来的土地增值、工商及服务业繁荣，赋予城镇化政府一定的税收立法和征管权，建立以财产税、资源税、基础设施和公共服务使用者付费等一揽子综合性的地方税收及其征管体系。

第四，整合城镇体系，全面调整行政区划。

一是增加省一级行政区数量，缩小省一级行政区规模，把一些大的省份一分为二新设直辖市，把一些区位优势突出、发展基础好的地级市设为新设省级行政区的中心城市。二是优化大城市空间布局，全面提升大城市的均衡发展。三是落实省直管县体制，撤销地级市，释放县级城市和县城的潜力，带动乡村发展，促进城乡一体化。四是控制大中城市的发展规模，改善部分城市人口膨胀，城市病严重的问题。

三、产业支撑，城乡互动

第一，优先发展工业，以工业化推动城镇化，以城镇化促进工业化和现代化，形成集约化、规模化、生态化和科技化"四化"发展。

一是根据自身特点和发展条件充分挖掘比较优势，侧重于某一产业，进行错位发展；二是加强对各级工业聚集区的分层、分类别指导扶持，不断完善基础设施，构建项目落户、企业集中、产业聚集的平台。

第二，大力发展现代服务业。

重点发展旅游休闲产业、商贸和现代物流业、文化教育和房地产业，改善人居环境；积极发展信息服务、现代物流、技术咨询、广告营销、物业管理、家政服务等新兴服务业，拓宽服务领域并扩大服务总量。

第三，推进城乡一体化进程，做到区域一体、联动共建、设施共享、造福于民。

一是完善农村土地流转制度，在稳定家庭联产承包责任制，严格保护耕地的前提下，加快农村产权制度改革，让生产要素自由流动成为现实。二是制定农民集体土地拆迁安置的实施细则和工作指导性意见，遵循阳光拆迁、和谐拆迁理念，解决拆迁问题。三是推进城乡就业保障一体化，建立县乡村三级就业服务网，满足城乡群众培训就业需求。四是稳步发展现代农业，引导农民转向二、三产业，实现农业规模化、产业化、集约化、特色化经营与新农村建设的同步发展。中国的第二、三产业许多领域需要大力拓展。如养老产业就是一个朝阳产业，许多国家把发展养老产业作为应对危机、解决就业的主要举措。据了解，目前中国养老产业市场需求大约一万多亿，就业岗位数千万个。

四、拓宽投融资渠道

第一，中央和地方两级政府都要在公共服务等领域明确建设标准、降低准入门槛，农民带资进城、集资进镇，让更多民间资本和外资进入，形成多元投资主体。

第二，通过调整国有资本配置，提高收租分红比例，把收租分红收益投入社会公益领域，为人口城镇化创造有利条件。

第三，通过发行城市建设债券、信托计划等形式广泛吸纳民间资金。

五、掌握城市发展的有限承载力与空间定向扩展规律

土地资源、水资源、能源以及环境等各项资源既是城镇发展的基础，也是城市发展的重要因素，充分考虑资源环境承载力才能走健康持续发展之路。城镇用地空间扩展由若干因素共同驱动，空间扩展的交通脉动规律（交通走廊的发展轴线），城镇用地定向开发优化规律以及城镇经济集聚与扩散规律，在中国城镇化过程中影响突出。充分认识，让城镇化本身规律发挥作用；切忌违反客观规律，造成资源过度消耗，投资过度浪费的现象，让城镇化自身规律发挥作用，特别是发挥投资效果更能有效地推动城镇化进程。

参 考 文 献

[1] 辜胜阻. 非农化与城镇化研究. 浙江人民出版社, 1991.

[2] 刘士林. 关于我国城镇化问题的若干思考. 学术界, 2013 (3): 5-13.

[3] 刘裙. 新型城镇化的金融创新. 中国金融, 2013 (18): 73-75.

[4] 彭红碧, 杨峰. 新型城镇化道路的科学内涵. 理论探索, 2010 (4): 75-78.

[5] 楼文龙. 为新型城镇化提供全方位金融服务. 中国金融, 2013 (16): 12-14.

[6] 许露, 王君彩. 马科维茨投资组合理论在企业集团资源配置中的应用研究——以某集团公司为例. 现代管理科学, 2015 (10): 43-45.

[7] 熊杨. 马科维茨模型与基金实证分析. 中小企业管理与科技 (下旬刊), 2009 (8): 89-90.

[8] 郑志勇. 金融数量分析 Matlab 编程. 北京航空航天大学出版社, 2009.

[9] 何飞, 李金林. 资产配置理论与模型综述. 生产力研究, 2007 (7): 140-142.

[10] 莎仁格日乐. 马科维茨均值-方差模型及应用. 集宁师专学报, 2007 (4): 29-32.

[11] 陈浩武. 长期投资者资产配置决策理论及应用研究. 上海交通大学硕士学位论文, 2007.

[12] 张士强. 全球资产配置理论与实证研究. 南京理工大学硕士学位论文, 2008.

[13] 赵彦芬. 修正的 Markowitz 投资组合模型在金融市场中的应用研究. 大连理工大学硕士学位论文, 2013.

[14] 陈许红. Markowitz 均值——方差模型的推广及应用. 上海交通大学硕士学位论文, 2010.

[15] 朱志伟. 最优化资产配置模型比较研究. 华中科技大学硕士学位论文, 2004.

[16] 秦川棋, 王亭, 金元峰. MATLAB 及其在数学建模中的应用. 建模与仿真, 2015 (4): 27-31.

[17] 余后强. Markowitz 模型的改进及算法研究. 武汉理工大学硕士学位论文, 2009.

[18] 杨明辉, 张智光, 任百林, 谢煜. Markowitz 组合证券投资决策模型的修正. 南京林业大学学报（自然科学版）, 2005 (1): 51-54.

[19] 张笑伟. 保险资金最优投资组合研究及评价. 廊坊师范学院学报（自然科学版）, 2008 (4): 82-84.

[20] 沈伟, 组合投资理论模型分析及实证研究. 南京气象学院硕士学位论文, 2002.

[21] 范立夫. 金融支持农村城镇化问题的思考. 城市发展研究, 2010, 17 (7): 63-72.

[22] 黄国平. 促进城镇化发展的金融支持体系改革和完善. 经济社会体制比较, 2013 (4): 56-66.

[23] 刘奕彤. 金融发展对城镇化作用的实证研究——以统筹城乡综合配套改革试验区重庆市为例. 西部经济管理理论

坛，2014，25（3）：6-12.

[24] 张正斌．宁夏金融发展与城镇化关系的实证研究．宁夏师范学院学报，2008，29（3）：85-87.

[25] 郑长德．中国的金融中介发展与城镇化关系的实证研究．广东社会科学，2007（3）：12-18.

[26] 郑玫，傅强．重庆市金融业发展与城镇化率变化的实证分析．经济师，2008（5）：274-275.

[27] 张艳纯，葛小南．完善小城镇建设投融资机制的思考．社会科学家，2008（3）：129-131.

[28] 万冬君，王要武，姚兵．基础设施PPP融资模式及其在小城镇的应用研究．土木工程学报，2006（6）：115-119.

[29] 吴树波，谭畅．湖南省小城镇建设投融资机制探索．特区经济，2006（11）：205-206.

[30] 陈干宇，张玲．城镇化进程中竞争性与非竞争性投融资模式研究．财经理论与实践，2003，24（121）：73-75.

[31] 王建威，何国钦．城镇化发展与财政金融支持机制协同创新的效率分析．上海金融，2012（6）：94-96.

[32] 白山．地方政府投融资：中国城镇化的现实选择．经济研究参考，2014（21）：38-45.

[33] 申银万国证券股份有限公司课题组．市政债券匹配城镇基础设施建设资金需求的理论分析．上海金融，2013（11）：114-118.

[34] 陈伦戚．新型城镇化融资创新的资产证券化视角．财税金融，2015（5）：65-67.

[35] 王伟同．城镇化进程与社会福利水平．经济社会体制比较，2011（3）：169-176.

[36] 叶静怡,王琼. 进城务工人员福利水平的一个评价. 经济学, 2014, 13 (4): 1323-1344.

[37] 侯志阳. 新型城镇化背景下的国民福利研究. 中国行政管理, 2013 (6): 68-72.

[38] 陈寿江,李小建. 县域尺度下经济发展水平与社会福利水平之间的关系分析——以中部六省为例. 地域研究与开发, 2013, 32 (2): 1-5.

[39] 李成,郭明,张炜. 对金融控股公司监管边界的有效性研究. 当代经济科学, 2008 (3): 46-52.

[40] 张玉喜. 网络金融的风险管理. 管理世界, 2002 (8): 92-107.

[41] 陈邦强,傅蕴英,张宗益. 金融市场化进程中的金融结构、政府行为、金融开放与经济增长间的影响研究. 金融研究, 2007 (10): 1-13.

[42] 陈庆云. 关于"利益政策学的思考". 北京行政学院学报, 2000 (1): 59-68.

[43] 程浩,黄卫平,汪永成. 中国社会利益集团研究. 战略与管理, 2003 (4): 63-74.

[44] 董小君. 金融风险预警机制研究. 经济管理出版社, 2004.

[45] 杜莉,张苏予. 论我国金融业营业税转增值税在上海金融核心区试点的必要性和可行性. 世界经济情况, 2009 (8): 24-28.

[46] 段小茜. 国内外金融稳定有关问题研究进展与述评. 财贸经济, 2006 (7): 49-54.

[47] 方福前. 公共选择理论——政治的经济学. 中国人民大学出版社, 2000.

[48] 郭根龙. WTO 框架下的中国金融服务贸易政策. 经济管理出版社, 2002.

[49] 黄培雄. 发展中国家"热衷"金融开放的反思与策略. 理论月刊, 2007 (6): 146-149.

[50] 李琛. 金融创新背景下银行业营业税制改革初探. 湖南财经高等专科学校学报, 2010 (10): 70-72.

[51] 李淼. 金融市场准入自由化与银行体系稳定. 浙江金融, 2009 (4): 24-25.

[52] 刘红凤. 西方规制经济学的变迁. 经济科学出版社, 2005.

[53] 刘剑雄. 中国的政治锦标赛竞争研究. 公共管理学报, 2007 (8): 24-29.

[54] 龙培云. 行政决策应成为利益博弈过程. 理论与改革, 1999 (2): 17-21.

[55] 罗楠, 杜兆恩. 基于多种贸易理论的我国金融服务贸易模式探究. 国际金融研究, 2006 (6): 75-80.

[56] 米运生, 吕立才. 金融自由化的增长效应——基于内生增长理论的经验证据. 中南财经政法大学学报, 2009 (5): 72-77.

[57] 齐琦部. 论中国汇率制度的选择. 金融研究, 2004 (2): 1-18.

[58] 沈坤荣. 金融发展与中国经济增长——基于跨地区动态数据的实证研究. 管理世界, 2004 (7): 15-21.

[59] 沈悦, 赵建军. 中国金融自由化改革进程判断: 1994-2006. 西安交通大学学报 (社会科学版), 2008 (3): 1-6.

[60] 盛斌. 中国工业贸易保护结构政治经济学的实证分

析. 经济学（季刊），2002（4）：34-52.

［61］王聪. 公平与效率：金融税制和国有商业银行税负. 金融时报，2003-05-26.

［62］王洛林，李扬. 金融结构与金融危机. 经济管理出版社，2002.

［63］吴一平. 信息不对称、银行声誉差异和金融规制. 海南金融，2005（7）：95-107.

［64］熊芳. 金融自由化的次序：一个微观经济模型. 发展经济学研究，2008（7）：113-120.

［65］熊芳. 金融自由化的次序：一个微观经济模型. 金融发展研究，2008（7）：13-17.

［66］徐放鸣，李汉铃. 加入WTO与中国金融开放. 财贸经济，2002（2）：31-34.

［67］杨晓龙，郑长德. 中国金融自由化与经济增长. 金融理论与实践，2009（10）：10-15.

［68］叶光亮，邓国营. 最优关税和部分私有化战略——产品差异的混合寡头模型. 经济学（季刊），2010（1）：1-24.

［69］张军. 中国的金融深化和生产率关系的再检测：1987—2001. 经济研究，2005（11）：34-45.

［70］张萍，吴宏. 我国吸纳金融创新的时滞效应及其制度因素分析. 财经论丛（双月刊），2007（5）.

［71］张铁强，何伟刚，黄桂良. 中外资银行税费负担比较分析：广东调查. 南方金融，2008（9）：29-31.

［72］张宇燕. 利益集团与制度非中性. 改革，1994（2）：97-106.

［73］周道许. 金融开放条件下的金融安全. 中国金融，2010（3）：71-72.

[74] 周黎安. 晋升博弈中政府官员的激励与合作——兼论我国地方保护主义和重复建设问题长期存在的原因. 经济研究, 2004 (6): 33-40.

[75] 周业安, 冯兴元, 赵坚毅. 地方政府竞争与市场秩序的重构. 中国社会科学, 2004 (1): 56-65.

[76] 范立夫. 金融支持农村城镇化问题的思考. 城市发展研究, 2010, 17 (7): 63-72.

[77] 白山. 地方政府投融资: 中国城镇化的现实选择. 经济研究参考, 2014 (21): 38-45.

[78] 奥尔森. 国家兴衰探源. 商务印书馆, 1993.

[79] Aumann R., Kurz M. Power and Taxes. Econometrica, 1997, 45: 1137-1161.

[80] Baron D. P. Electoral competition with informed and uniformed voters. American Political Science Review, 1994, 88: 33-47.

[81] Beckaert, Harvey and Lundblad. Does financial liberalization spur growth? NBER working paper, 2001.

[82] Binmore K., Rubinstein A. and Wolinsky A. The nash bargaining solution in 95、economic modeling. Rand Journal of Economics, 1986, 101: 1-31.

[83] Brander James, Krugman Pau. L. A. Reciprocal dumping model of international trade. Journal of International Economics, 1983, 1 (5): 313-320.

[84] Brock W, Magee S. Tariff formation in a democracy. in J. Black and B. Hindley eds., Current Issues in Commercial Policy and Diplomacy. London: Macmillan, 1980.

[85] Buffie, Edward F. Financial repression, the new structur-

alist, and stabilization policy in semi-industrialized economics. Journal of Development Economics, 1984, 14 (3).

[86] Coate S. Political competition with campaign contribution and informative advertising, NBER, working paper 8693, 2001.

[87] Coughlin P., Mueller D. and Murre I P. Electoral politics, interests groups, and the size of government. Economic Inquiry, 1990, 29: 682 -705.

[88] Damania R., P. G. Fredriksson. On the formation of industry lobby group. Journal of Economic Behavior and Organization, 2000, 41: 315 -335.

[89] Das S. Externalities, and technology transfer through MNCs. Journal of International Economics, 1987, 22: 171 -182.

[90] Demirgü - Kunt A., Detragiache E. Financial liberalization and financial fragility//Caprio G., Honohan P., Stiglitz J. Financial Liberalization: How Far, How Fast? . Cambridge University Press, 2001: 96 -122.

[91] Drazon et al. Political contribution caps and lobby formation: theory and evidence. Journal of Public Economic, 2007, 91: 732 -754.

[92] Driffield N., Girma S. Regional foreign direct investment and wage spillovers: Plant level evidence from the UK electronics industry. Oxford Bulletin of Economics and Statistics, 2003, 65 (4): 453 -474.

[93] Eaton Jonathan, Grossman Gene M. Optimal trade and industrial policy under oligopoly. Quarterly Journal of Economics, 1986, 101: 383 -406.

[94] Edelman S. Two politicians, a PAC, and how they inter-

act: Two extensive form games. Economics and Politics, 1992 (4): 289 - 305.

[95] Edison Hali, Ross Levine, Luca Ricci and Torsten S. K. International financial integration and economic growth. Journal of International Monetary and Finance, 2002, Vol. 21: 749 - 776.

[96] Finsinger J. , I. Vogelsang. Performance indices for public enterprises. L. P. 63、Jones, ed. , Public Enterprise in Less Developed Countries, Cambridge: Cambridge University Press, 1982: 281 - 296.

[97] Funke, Norbert. Timing and sequencing of reforms: Competing views and the role of credibility, Kyklos, 1993, 46 (3): 337 - 362.

[98] Gareia Herrero. Foreign banks and financial stability in the new europe In financial intermediation in the new europe: Banks, marketsand regulation in EU accession Countries by Donato Maseiandaro, Edward Elgar Publishing, ine. UK, 2004: 208 - 224.

[99] Gary S. Becker. A theory of competition foe group influence. Quarterly Journal of Economics, Vol. 98, Aug. 1983: 371 - 400.

[100] Gary S. Becker, public policies, pressure groups, and dead weight costs. Journal of public economics, Vol. 28, Dec. 1985: 329 - 347.

[101] George J. Stigler. The theory of regulation. Bell Journal of Economics, Vol. 2, Spr. 1971: 3 - 21.

[102] Grossman. Helpman. Trade wars and trade negotiations. Journal of political Economy, Vol. 103, 1995: 675 - 708.

[103] Grossman G. M. , Helpman E. Protection for sale. American Economic Review 84, 1994: 833 - 850.

[104] Guitian, Manuel. Reality and the logic of capital flow liberalization, in Ries, Christine P. and Richard J. Sweeney, 1997, Capital Controls in Emerging Economies, Boulder, Colorado: Westview Press, 1997: 17 - 32.

[105] Hausken K. The dynamics of within-group and between-group interaction. Journal of Mathematical Economics, 24, 1995: 655 - 687.

[106] Hausmann R., Fernandez - Arias E. Foreign direct investment: Good cholesterol? Inter American Development Bank Working Paper 417, 2000b, April.

[107] Hausman R., Fernandez Arias E. Is FDI a safer form of financing? Inter American Development Bank Working Paper 416, 2000a, April.

[108] Hellman T., Murdock K. and Stiglitz J. E. Addressing moral hazzard in banking: Deposit rate controls vs. capital requirements. Unpublished Manuscript, 1994.

[109] Hillman A., Urspung H. Domestic politics, foreign interests, and international trade policy. American Economic Review, 1988, 78 (4): 719 - 745.

[110] Hwang Hong. Intra-industry trade and oligopoly: A conjectural variations approach. Canadian Journal of Economics, 1984, 17 (1): 126 - 137.

[111] Irwin D. A. Antebellum tariff structure: Coalition formation and shifting regional interests, NBER working paper, 2006, 12161.

[112] Ishii, Shogo and Karl Habermeier. Capital account liberalization and financial sector stability, IMF Occasional Paper 211, Washington D. C.: International Monetary Fund, 2002.

[113] Ito T., A. Krueger. Introduction in trade in services in the Asia – Pacific Region, ed. T. Ito and A. Krueger, 2004: 1 – 9, University of Chicago Press.

[114] Jeffrey M. Berry. The interest group society. 2nded. Glenview, Ⅶ: Scott, Foresman, 1989 (4).

[115] Johnson H. G. Optimum tariffs and retaliation. Review of Economic Studies, 1966, 33 (2): 142 – 153.

[116] Johnston, Barry R. Sequencing capital account liberalizations and financial sector reform. IMF Policy Analysis and Assessment, Washington D. C.: International Monetary Fund, 1998 (8).

[117] John Williamson, Molly Mahar. A survey of financial liberalization. Princeton University, 1998 (4).

[118] K. Oizumi T., K. Opecky K. J. Foreign direct investment, technology transfer and domestic employment effects. Journal of International Economics, 1980, 10 (1): 1 – 20.

[119] Kaminsky G., Reinhart C. M. The twin crisis: The causes of banking and balance of payments problems. Federal Reserve Board, Washington D. C, 1996.

[120] Kindle Berge C. P. Group behavior and international trade. The Journal of Political Economy, Vol. 59 No. 1, Feb 1951: 30 – 46.

[121] Kono Masamiehi, Ledger Sehukneeht. Financial serviees trade, capital flows and financial stability. WTO Staff working Paper, 1999.

[122] Levine R. International financial liberalization and economic growth. Review of International Economics, 2000, 9 (4): 688 – 702.

[123] Loeb M., Magat W. A decentralized method foeutility regulation. The Journal of Law and Economics, 1979, 22 (2): 339 – 401.

[124] Mckinnon R. I. Money and capital in economic development. Washington D. C.: Brookings Institution. 1973.

[125] Minsky, Hyman. The financial fragility hypothesis: Capitalist process and the behavior of the economy. in Financial Crisis, ed. Charles P. Kindlberger and Jean – Pierre Laffargue. Cambridge: Cambridge University Press, 1982.

[126] Mitra D. Endogenous lobby formation and endogenous protection, American Economic Review, 1999, 89 (5): 1116 – 1134.

[127] Nsouli. Saleh M., Mounir Rached. Capital account liberalization in the Southen Mediterranean region, IMF Paper on Policy Analysis and Assessment, Washington, D. C. International Monetary Fund, 1998 (11).

[128] Pande R. Can mandated political representation increase policy influence for disadvantaged minorities? Theory and evidence from India, American Economic Review, 2003, 93 (4): 1132 – 1151.

[129] Presson et al. Separation and powers and political accountability, Quarterly Journal Economic, 1997, 12 (4): 1163 – 1202.

[130] Qiu, Larry D. Optimal strategic trade policy under asymmetric information. Journal of International Economics, 1994, 36 Issue 3/4: 333 – 354.

[131] Mankiw G. N., R. Reis. Sticky information versus sticky prices: A proposal to replace the new Keynesian Phillips curve. Quarterly Journal of Economics, 2002, 117 (4): 1295 – 1328.

[132] Mankiw N. Gregory, Ricardo Reis. Pervasive stickiness. American Economic. Review, 2006, 96 (2): 164 – 169.

[133] Morris S. , H. S. Shin. Inertia of forward: looking expectations. American Economic Review, 2006, 96 (2): 152 – 157.

[134] Orlando Gomes. Transitional dynamics in sticky-information general equilibrium models. Comput Econ, 2012, 39 (4): 387 – 407.

[135] Nigel Harris. Urbanization, economic development and Policy in developing countries. Habitat International, 1990, 14 (4): 3 – 42.

[136] Gregg Huff, Luis Angeles. Globalization, industrialization and urbanization in Pre – Word War II Southeast Asia. Explorations in Economic History, 2011, 48 (1): 20 – 30.

[137] Muhammad Shahbaz, Hooi Hooi Lean. Does financial development increase energy consumption? The role of industrialization and urbanization in Tunisia. Energy Policy, 2012, 40 (1): 473 – 479.

[138] Cho Wu, Boggess. Measuring interactions among urbanization, land use regulation, and public finance. American Agricultural Economies Association, 2003, 85 (4): 988 – 299.

[139] Kyung – Hwan Kim. Housing finance and urban infrastructure finance. Urban Studies, 1997, 34 (10): 159 – 163.

[140] Anton Abdulbasah Kamil, Chin Yew Fei and Lee K in Kok. Portfolio analysis based on Markowitz model. Journal of Statistics and Management Systems, 2006, 9 (3): 519 – 536.

[141] Alaitz Mendizábal Zubeleia, Luis M. Miera Zabalza and Marian Zubia Zubiaurre. The Markowitz model for portfolio selection.

Guadernos de Gestion, 2002, 2 (1): 33 -46.

[142] A. J. Du Plessis. A note on applying the Markowitz portfolio model as a passive investment strategy on the JSE. Investment Analysis Journal, 2015, 1 (8): 39 -45.

[143] Draviam Thangaraj, Chellathurai Thamayanthi. Generalized Markowitz mean-variance principles for multi-period portfolio-selection problems. Proceedings of the Royal Society A: Mathematical, Physical and Engineering Sciences, 2002, 4 (5): 82 -127.

[144] Christoff P. Ecological modernisation, ecological modernities. Environmental Politics. 1996, 5 (3): 476 -500.

[145] G. Clayton, Nikolai. Strategic environmental assessment of urban underground infrastructure development policies. Tunneling and Underground Space Technology Incorporating Trenchless Technology Research, 2006, 21 (3): 469 -517.

[146] M. Gibb, E. Nel. Small town redevelopment: The benefits and costs of local economic development in alicedale. Urban Forum, 2007 (18): 69 -84.

[147] Luc E. leruth. Public—private cooperation in infrastructure development: A princip—agent story of contingent liabilities. fiscal risks. and Other (Un) pleasant Surprises. Netw Spat Econ. 2009.